# CADENA DE ASESINATOS

# CADENA DE ASESINATOS

## GUARDIAS EN PIE DE GUERRA
(Abril-Julio 1936)

Aurelio Fernández Sánchez

2ª edición: junio 2024

© De esta edición: Editamás, edición de contenidos digitales S.L., 2024
C/ Almendo, 2. 06008 Badajoz
Teléfono (+34) 924 180791
www.editamas.com

© De los textos: Aurelio Fernández Sánchez, 2024
© De las imágenes: los autores, 2024

Depósito legal: BA-000246-2024
I.S.B.N.: 978-84-128929-0-1



Diseño y maquetación: linea4.eu
Impreso en España – *Printed in Spain*

Aurelio Fernández Sánchez es un policía de raza: profesional, valiente, servicial y compañero de todos aquellos con los que ha trabajado. Comisario de la Policía Nacional, amante de la historia y de la literatura, ha escrito numerosos relatos sobre la Segunda República Española y la Guerra Civil, siendo este ensayo novelado el primer trabajo que publica.

Un trabajo que, entendemos, le viene como anillo al dedo en su calidad de profesional del orden y la seguridad pública; profesionales que, en ocasiones, atesoran y lucen cualidades literarias y que son buenos narradores porque se pasan la vida haciendo atestados, ya que han aprendido a sistematizar ese trabajo para ser fieles a los hechos y han tenido acceso a unos relatos extraordinarios, tanto de agentes rasos como de miembros con más categoría profesional que tienen la capacidad de ofrecer relatos de gran interés.

El propio autor, en el prólogo del libro, comenta: "Esta obra la he escrito motivado por mi experiencia personal y profesional. No puedo negar que mi interés por la historia y el hecho de ser miembro del Cuerpo de la Policía Nacional me han animado a indagar en los hechos que acontecieron en España y que tuvieron como protagonistas a hombres de ideas a veces enfrentadas, con un común denominador, ser servidores públicos y agentes del orden".

Hay muy buena e interesante literatura en España que no es copia ni imitación de lo que se hace en otros lugares, que tiene una cosa autóctona y propia que hace que la gente se identifique con ella. La que tiene entre sus manos seguro que será así.

Fundación CB

# ÍNDICE

# PRÓLOGO

La década de los años treinta del pasado siglo en España fue una época convulsa. Los cambios políticos y sociales, muchas veces precipitados y desbocados, afectaron sustancialmente a todos los colectivos. Los Cuerpos y Fuerzas de Seguridad no fueron ajenos a los agitados y violentos momentos que se vivieron en nuestro país.

La década comenzó con el final de una monarquía en descomposición. Posteriormente la Segunda República, que para la mayoría se inició con cambios ilusionantes en los que se esperaba un avance hacia la modernidad de España, defraudó al menos a la mitad de la población española de la época. Finalmente, tras la llegada al poder del Frente Popular y la radicalización hacia la izquierda del gobierno, un golpe militar terminó en una sangrienta guerra civil que acabaría con la República y sus prometidas reformas sociales y políticas.

La Segunda República española ha sido objeto de numerosos ensayos, novelas y estudios. La presente obra, referida a esta época, ofrece como novedad que los protagonistas son un colectivo, el de los Cuerpos de Seguridad, al que no se le ha dado la importancia que tuvo en los hechos que desembocaron en la Guerra Civil.

Durante los años que duró la Republicana en España, sobre todo en el primer semestre de 1936, los Cuerpos de Seguridad y Orden Público fueron actores de primer nivel en la vida política, tomando partido en los dos bandos en que se dividió la sociedad española. Guardias civiles y guardias de asalto se politizaron, desgraciadamente, abandonando la neutralidad de la que anteriormente siempre habían hecho gala.

En esta obra se narra la trascendental participación de miembros de la Guardia de Asalto y de la Guardia Civil en los tres meses anteriores al golpe militar que desembocó en la Guerra Civil. El asesinato del alférez de la Guardia Civil Anastasio de los Reyes y del teniente José del Castillo de la Guardia de Asalto llevó a que un grupo de exaltados, algunos miembros de los Cuerpos de Orden Público, acabaran con la vida del diputado monárquico don José Calvo Sotelo. Este último hecho está considerado como el pistoletazo de salida que inició la Guerra Civil.

La Guardia Civil es un Cuerpo sobradamente conocido cuya existencia se ha prolongado ininterrumpidamente desde 1844 hasta nuestros días, sin embargo la Guardia de Asalto fue un Cuerpo policial que nació y murió con la República. Se ha incluido al final del relato un amplio apartado dedicado a este colectivo uniformado para que se entienda el porqué de su creación y la importancia que tuvo para la defensa de la República.

Este no es un libro más sobre los acontecimientos previos a la guerra civil. No es una novela porque todo lo que se narra ocurrió realmente, pero se lee como una novela. Pretende no aburrir con datos innecesarios, buscando el entretenimiento, pero sin descuidar el relato de los hechos trágicos de un tiempo de plomo y sangre. Otra característica de esta obra es que no catequiza sobre quienes fueron los buenos y quienes los malos, corresponderá al lector el hacer de juez y colocar a cada uno de los protagonistas de la historia que aquí se cuentan en el lado de los justos o de los miserables.

Las esperanzas que he puesto en el resultado de este trabajo son muy sencillas. No he pretendido haber realizado una labor grandiosa y definitiva, ni mucho menos erudita, quedaría satisfecho con haber ofrecido una obra digna y útil para todos los que sienten curiosidad por esta etapa histórica y despertar el interés por el agitado pasado de nuestra nación.

Este trabajo pretende ser divulgativo y didáctico. Al final del libro se ha incluido un glosario de términos y datos biográficos de algunos personajes que aparecen en el relato, para que el lector que no esté muy familiarizado con la historia de esta época pueda comprender mejor lo que se narra.

Esta obra la he escrito motivado por mi experiencia personal y profesional. No puedo negar que mi interés por la historia y el hecho de ser miembro del Cuerpo de la Policía Nacional me han animado a indagar en los hechos que acontecieron en España y que tuvieron como protagonistas a hombres de ideas a veces enfrentadas, con un común denominador, ser servidores públicos y agentes del orden.

Quiero agradecer a mi amigo Miguel Murillo, premio Lope de Vega de teatro y dramaturgo de éxito que tras leer esta narración, antes de su publicación, me hizo una crítica tan elogiosa y entusiasta que me animó a su publicación, disipando mis complejos de escritor novel.

A Juan Carlos Rodríguez Ibarra, Agustín Muñoz Sanz, José María Casado, Chano Fernández, Diego Yebra, Juanjo Bulnes, Juanma Cardoso, Santi Baselga, Chencho Ramos, Juanma Gordillo, Salvador Oreja, Juan Carlos Romero y Joselo Galiana, les agradezco que leyeran este relato cuando era inédito y me dieran su sincera y valiosa opinión, sirviéndome ésta para mejorar algunos aspectos de esta obra.

Por último, quiero dedicar esta narración a los miembros del Cuerpo de la Policía Nacional y de la Guardia Civil, a sus familias en general y a la mía en particular —a mi esposa Chelo, y mis hijos Cheli y Rober— por soportar con paciencia horas de ausencia y sacrificios en nuestra dura tarea como garantes del libre ejercicio de los derechos y libertades y de la seguridad de los ciudadanos.

CADENA DE ASESINATOS
MADRID

# ALFÉREZ DE LA GUARDIA CIVIL
# ANASTASIO DE LOS REYES

*Capítulo 1*

# MUERTE EN LA CELEBRACIÓN

*Madrid.*
*Tres meses y cuatro días antes del comienzo de la Guerra Civil.*

Aquel 14 de abril de 1936 era un día festivo especial, se celebraba la conmemoración del quinto aniversario del advenimiento de la República. Madrid se había engalanado como en las grandes ocasiones. En las farolas se habían colocado banderas rojas, amarillas y moradas. Corría una ligera brisa primaveral, llovía tímidamente, lo que hacía que la mañana no fuera demasiado agradable. Las banderas ondeaban con cierto gracejo cañí. La gente con indumentaria festiva discurría por las principales arterias de la ciudad bajo los paraguas. Chicas en edad casadera habían estrenado vestidos y se sentían consternadas porque el día no fuera soleado. Los viandantes caminaban a buen paso para evitar la fina y persistente lluvia por las aceras de la Gran Vía en dirección al Paseo de la Castellana. Las terrazas de las cafeterías estaban vacías, aunque los clientes en animadas conversaciones llenaban el interior de los establecimientos. En resumen, Madrid era una fiesta, pero pasada por agua. Riadas de público se concentraban en la Castellana. Las bocas del metro y las paradas de los tranvías estaban atiborradas de personas que se dirigían a la gran arteria de Madrid para presenciar el desfile militar, programado para celebrar el aniversario de la llegada de la República que había dado fin a la Monarquía borbónica.

A las diez y media de la mañana, el Presidente Azaña y los Ministros en pleno se encontraban ante la tribuna presidencial en el Paseo de Recoletos, entre las calles Argensola y Fernando el Santo. Recibían los honores de ordenanzas. Se interpretó el himno de Riego, escuchado por la multitud con gran respeto. Una vez concluida la ceremonia protocolaria, el Presidente Azaña era saludado por los ministros, la mayoría de ellos del partido Izquierda Republicana. El Ministro de la Guerra, general Carlos Masquelet Lacaci, republicano convencido, ocupó un puesto preferente en la tribuna decorada con una inmensa bandera, roja, gualda y morada. A los pies de ésta, en la acera, se encontraba perfectamente formado un grupo de jóvenes con camisa azul, corbata roja y pañuelos al cuello de este último color. Eran las milicias socialistas escoltando a sus líderes políticos.

A las once, con puntualidad inglesa, comenzó el desfile militar. El general Miaja, como jefe de las fuerzas que formaban para desfilar, con su sable en la mano, solicitó el permiso reglamentario al Presidente para dar inicio a los actos castrenses. Las fuerzas del Regimiento Wad-Ras número 1 abrieron la parada militar, seguidas por las de Infantería León número 2, ambas Unidades con sede en la capital de España. La gente aplaudía con entusiasmo y gritaron vivas a la República y al Ejército, leal al nuevo régimen político.

En un lateral de la tribuna presidencial, a unos escasos doscientos metros de ésta, un joven con un abrigo azul oscuro presenciaba el desfile algo nervioso. Delante de él tenía un escuadrón a caballo que había venido escoltando los vehículos de los primeros mandatarios políticos. No aplaudía y su atención se centraba más en las autoridades y en los guardias que vigilaban que en las tropas que desfilaban. Le sudaban las manos y la frente. Aunque chispeaba, no hacía frío, la temperatura era agradable, primaveral. No era normal llevar un abrigo voluminoso un día como aquel, salvo que se pretendiera ocultar algo bajo esa indumentaria.

El joven miró nervioso su reloj de pulsera. Eran las once y quince minutos. Se abrió paso entre el público hasta situarse en el borde de la acera, junto al cordón policial. Aquel joven sospechoso se encontraba entre el público, en primera fila. En un suspiro, pasó entre dos de los guardias de asalto y corrió hacia la tribuna con un paquete en la mano.

—*¡Alto a la Policía!*

Un cabo de **la Guardia de Asalto (1)** reaccionó con gran rapidez y emprendió la persecución del individuo. No se detuvo ante el grito del policía que le perseguía. El fornido y atlético cabo no tardó ni diez segundos en darle alcance. No obstante, el paquete ya iba surcando el aire, lanzado por el fugitivo hacia la tribuna presidencial. Se oyó un tremendo estruendo como el de una traca de feria. El presidente Azaña no se inmutó, permaneciendo estático en su puesto. A su alrededor se formó un inmenso revuelo, unos ministros e invitados cayeron de sus asientos, otros se lanzaron cuerpo a tierra y algunos trataron de huir despavoridos. El caos era total. Los asistentes al desfile, muchos de ellos militantes de partidos del **Frente Popular, (2)** perfectamente reconocibles por sus indumentarias, comenzaron a gritar consignas contra el fascismo, inequívocamente para ellos la ideología instigadora del "atentado". El desfile se interrumpió cuando el capitán de la compañía que en ese momento pasaba desfilando ante la tribuna dio la orden de romper filas. Curiosamente nadie se percató en los primeros instantes de que no había habido heridos. Se trataba de una traca, una pequeña carga de pólvora sin metralla, algo mayor que un cohete de feria.

Cuatro guardias se habían abalanzado sobre el alborotador reduciéndole en el suelo a escasos metros del presidente Azaña. Uno de los policías le inmovilizaba las piernas, otros dos los brazos y el cabo, jefe de la escuadra, colocaba su rodilla en el cuello del detenido. Le levantaron sacándole de la escena hacia una camioneta policial estacionada en una calle perpendicular al Paseo de la Castellana. Un coronel de uniforme, arma en mano, se dirigió hasta donde se encontraba el autor del hecho y sus captores. Alguien lo reconoció. Era el **coronel Puigdengolas, (3)** fiel defensor de la República y uno de los militares con más prestigio del nuevo régimen. Aquel militar era un veterano sesentón, delgado, de pequeña estatura, pero de gran carácter. Había sido nombrado Inspector del Cuerpo de Seguridad hacía poco más de mes y medio por el gobierno del Frente Popular. Era por tanto el jefe supremo de la policía uniformada. Había luchado en las guerras de Cuba y Marruecos. Aunque por su condición de militar tenía prohibido afiliarse a ningún partido, simpatizaba sin recato con Unión Republicana. Se decía de él que era masón, anticlerical y republicano de la izquierda moderada.

El detenido fue cacheado por el cabo de Asalto. Éste se percató de que el aliento del individuo olía a alcohol. Tal vez había ingerido cierta cantidad de orujo de la petaca que portaba ya vacía en el bolsillo interior de su chaqueta para darse valor para la acción que acababa de cometer. Entre sus pertenencias se le encontró un carnet de la **Falange (4)** y de la **Central Obrera Nacional-Sindicalista (CONS) (5)**. Era un cocinero domiciliado en Canillas, de 42 años de edad, Isidoro Ojeda Estefanía. Pertenecía a la CONS desde su creación en 1934 por Falange Española.

La tranquilidad hizo acto de presencia con la retirada del detenido del lugar de los hechos. El público fue ocupando de nuevo las aceras próximas a la tribuna y las autoridades regresaron a sus puestos asignados por el protocolo. El **general Miaja (6),** como jefe de las Fuerzas que desfilaban, ordenó reanudar el acto castrense. Las bandas militares interpretaban pasodobles populares, mientras las tropas ocupaban su puesto en formación. El desfile continuó media hora después, como si nada hubiera ocurrido. A lo largo del recorrido el público se preguntaba por qué se había detenido el desfile, ya que los únicos que habían sido conscientes de lo que había ocurrido eran los que ocupaban las aceras próximas al Paseo de la Castellana con la calle Fernando el Santo, cerca de la tribuna

Las distintas unidades militares fueron desfilando con paso marcial frente a las autoridades. Una vez evacuado el detenido a las dependencias policiales, la escuadra de Guardias de Asalto regresó a sus puestos para cubrir carrera en el desfile. Un grupo numeroso de socialistas y comunistas ocupaban las zonas más próximas a la tribuna. Cuatro compañías de la Guardia Civil con uniforme de gala cerraban el desfile a pie, seguidas de un escuadrón a caballo del mismo Cuerpo. Al paso de la Benemérita los gritos de los asistentes no son para nada unánimes.

*—¡Viva la Guardia Civil! ¡Viva España!*

Gritaban con entusiasmo un grupo de señoritas encopetadas y de señores con sombreros de fieltro. Al lado de ellos, un grupo de individuos de izquierda gritaban su popular lema (UHP).

*—"¡Uníos hermanos proletarios!"*
*—¡Viva Rusia!*
*—¡Fuera los Cuerpos represores!*

Como alusión directa a la Guardia Civil.

*—¡Abajo el fascismo y los Cuerpos represores que lo apoyan!*
*—¡Fascismo es terrorismo!*
*—¡Disolución de la Guardia Civil!*

Los gritos contra la Benemérita procedían de la parte de atrás de la tribuna, de la bocacalle de Fernando el Santo. El alférez de la Guardia Civil Anastasio de los Reyes se encontraba muy cerca, de paisano, junto con otros cuatro guardias civiles francos de servicio. Impulsivamente se encaminaron todos al lugar de donde procedían los improperios contra el Cuerpo de Seguridad al que pertenecían los cinco guardia civiles.

*—¡Quietos! ¡No actuemos contra esta provocación! Eso es lo que estos comunistas van buscando.*
*—Mi Alférez, ¡No podemos quedarnos parados!*

Todos como un solo hombre se dirigieron al lugar de donde procedían las ofensivas voces.

*—¡Sois unos canallas, indeseables y una vergüenza para España! ¡No merecéis el pan que os coméis! Vamos a darles unas hostias a esos rojos de mierda para que aprendan a respetar...*

El grupo de guardias envalentonados avanzaron decididos a solventar de manera violenta el incidente.

*—¡Los fascistas no tenéis cojones nada más que para amedrentar a los niños y a las viejas! ¡Hijos de la gran puta! A los fascistas y a los burgueses os quedan pocos meses...*

Los activistas de izquierda, con los ojos inyectados de odio, se replegaron hacia la calle de Fernando el Santo no dando en ningún momento la espalda a los cinco componentes de la Benemérita.

El alférez Anastasio era el más caracterizado de aquellos guardias civiles, por graduación y edad. Estaba bien entrado en la cincuentena. Había ascendido a la escala de oficiales al haberse suprimido en la Guardia Civil el empleo de subteniente que es el que ostentaba antes de la modificación de los empleos y escalas del Cuerpo. Estaba ya desde hacía tiempo contando los meses que le quedaban para su retiro. Su experiencia se unía a la sensatez y aplomo del que siempre había hecho gala.

*—No merece la pena enfrentarnos a esa canalla. ¡Vámonos!.*

Los airados guardias civiles obedecieron a su superior y se encaminaron hacia el Paseo de la Castellana para seguir presenciando el desfile militar. En ese momento se oyeron varios disparos a sus espaldas. Anastasio notó dos fuertes quemazones en el costado y en uno de sus hombros y percibió que las fuerzas huían de su cuerpo, en definitiva, fue consciente de que se le iba la vida. No obstante, aún le dio tiempo a sacar su arma reglamentaria, que llevaba oculta bajo la chaqueta e hizo varios disparos contra sus agresores que huían del lugar. Mientras caía, llevándose la mano izquierda al costado herido, vio a dos de sus compañeros ensangrentados en el suelo, habían corrido la misma suerte que él. Eran los guardias Emeterio Moreno Morate y Antonio García García.

Unos metros más adelante algunos proyectiles habían impactado en varias personas que presenciaban el desfile. Una mujer lloraba desconsolada y gritaba desgarrada porque el niño que llevaba en brazos sangraba por la cadera. Alguien le advirtió que de su pierna izquierda también manaba sangre, manchando su zapato blanco de tacón. El dolor de la herida de su hijo lo sentía más que el suyo propio. Un chico adolescente también había recibido un impacto de bala en la espalda y yacía inerte en la acera, auxiliado por unos amigos. Un chico imberbe de pantalón corto que le conocía dijo su nombre y domicilio:

*—Es Benedicto, Benedicto Montes Miranda, estudia conmigo en el instituto. Vive en la Calle Fuencarral.*

Los escoltas de Azaña reaccionaron con prontitud y profesionalidad. En tan sólo unos segundos lo habían sacado en volandas e introducido en el automóvil presidencial, saliendo a toda velocidad del lugar, aún a riesgo de atropellar a algún peatón de los que huía a refugiarse en los portales de las inmediaciones. El pánico cundió y hubo gritos histéricos, carreras, empujones, caídas. La situación era imposible de controlar por los guardias de asalto encargados del orden en la parada militar. La formación de las compañías que desfilaban se rompió de manera anárquica y los mandos militares perdieron todo control sobre sus hombres.

A sólo un par de kilómetros de allí, la mujer del alférez Anastasio de los Reyes, ajena por completo a lo que acababa de ocurrir en el Paseo de la Castellana, introducía carbón en la "cocina económica" donde gorgoteaba un puchero del que emanaban olores que hacían segregar los jugos gástricos. En la escalera del edificio del domicilio de la familia "de los Reyes" se mezclaban olores de las cocinas de sus habitantes. Olía a cocido madrileño, a coles, a judías con chorizo y a refrito de cebolla y tomate.

*—David, hijo, tu padre tarda en venir.*
*—Se habrá liado con los compañeros y después del desfile se habrá ido a tomar unas copichuelas.*
*—Este hombre no sale nuca de casa, pero cuando sale…*

Pusieron el mantel, los platos, vasos y cubiertos y aguardaron la venida del cabeza de familia. Esperaron hasta las tres de la tarde para comer, en aquella casa a esa hora ya se habían fregado los platos normalmente. Las manecillas del reloj fueron avanzando a la par que la desesperación de aquella mujer que cada vez estaba más preocupada por la ausencia de su esposo.

*—Madre, voy a buscar a padre.*

*—Pero, ¿cómo lo vas a encontrar?*

*—Sé dónde puede estar. Hay dos o tres tabernas por el centro que él frecuenta alguna que otra vez.*

David salió de su casa, bajando los escalones de tres en tres. Eran casi las cinco y media de la tarde cuando tomó el tranvía que le dejaría en la calle Fuencarral, desde allí iría a pie hasta el lugar donde esperaba encontrar a su progenitor. Un hombre de mediana edad, sentado a su izquierda, comentaba con una distinguida señora que le acompañaba, los sucesos que habían ocurrido unas horas antes durante el desfile. El joven notó como su corazón cambiaba de ritmo y frecuencia. A su padre le podía haber "pasado algo". Trató de desalojar estos pensamientos negativos de su cerebro y se imaginó a su padre bebiendo vino en la Taberna del Alabardero. No obstante, antes de bajar del transporte público se dirigió al hombre de su izquierda:

*—¡Perdone! ¿Se sabe quiénes son los muertos y heridos?*

*—Creo que varios guardias civiles de paisano han muerto y un joven y una madre y su bebé están heridos, parece.*

El joven recibió un mazazo que le dejó obnubilado. Debió cambiarle el color de la cara, porque su interlocutor se dirigió a él con tono de preocupación.

*—¿Le pasa algo joven? ¿Se encuentra bien?*

*—Mi padre es guardia civil y estaba viendo ese desfile.*

*—Los heridos han sido evacuados al sanatorio que hay al lado de la Casa de la Moneda.*

David no se despidió, saltó del tranvía y emprendió la marcha a toda velocidad en dirección a dónde le habían indicado. En sus veinticuatro años de edad nunca había sentido una angustia tan honda y tan inmensa. En la puerta del sanatorio se agolpaban gran cantidad de curiosos. Dos ambulancias de la Cruz Roja con sus puertas traseras abiertas de par en par estaban siendo lavadas por dos operarios en la fachada lateral del edificio. Los trapos que utilizaban para limpiar estaban teñidos de un color rojo intenso. Se abrió paso entre los curiosos como pudo. En la puerta, un celador vestido con una bata blanca impoluta se dirigió a él:

*—¿Dónde pretende ir, joven?*

*—Mi padre es guardia civil y estaba en el desfile…*

*—¿Cuál es su nombre?*

*—Anastasio de los Reyes.*

*—Tu padre no está aquí. Ha sido trasladado al depósito judicial de la Calle Santa Isabel. ¡Lo siento mucho!*

David sintió un mazazo en el pecho. Le invitaron a sentarse en una silla de la entrada. Alguien le trajo un vaso de agua que rechazó. Un médico se le acercó para consolarle. No podía llorar. Sentía una mezcla de dolor y rabia contenida que le bloqueaba y le ahogaba. Quería morirse. Deseó que aquello fuera una pesadilla de la que quería despertar. No podía ser que eso le estuviera pasando a él. Un guardia, compañero de su padre, se ofreció a acompañarle al depósito judicial donde el alférez de la Guardia Civil Anastasio de los Reyes yacía de cuerpo presente.

## *Capítulo 2*
# INSURRECCIÓN

El teniente coronel Florentino González Vallés, jefe del Parque Móvil de la Guardia Civil donde servía el alférez asesinado, estaba en su domicilio oyendo la radio que en aquel momento transmitía el desfile militar. Luis Medina y Carlos del Pozo, locutores de Unión Radio Madrid, con voces engoladas iban describiendo de manera magistral el desarrollo de aquella parada militar. Se oía una marcha de fondo, acompañando a las palabras de los narradores. Aquel teniente-coronel, con muchos trienios en su hoja de servicio, recreaba en su cerebro sin esfuerzo las imágenes reales del desfile casi como si estuviera viéndolo en riguroso directo.

La mujer de aquel militar bordaba unas sábanas en su sillón preferido del cuarto de estar, junto al sofá donde estaba sentado su marido. Escuchaba la radio sin prestarle atención, como quien oye un sorteo de la lotería nacional. De repente, la voz del locutor se vio interrumpida por un gran estruendo. La emisión se cortó instantáneamente. Se comenzaron a oír gritos y una gran algarabía a través de las ondas. Fueron dos minutos de incertidumbre para los oyentes. ¿Qué estaba pasando?

> *—Señoras y señores oyentes, ha ocurrido algo frente a esta tribuna. Alguien ha lanzado un petardo contra la tribuna presidencial. Por suerte nadie ha resultado herido. El presidente Azaña no se ha inmutado y parece que el desfile se va a reanudar.*
>
> *—Desde nuestra posición vemos como varios guardias de asalto se llevan detenido a un joven. El público regresa a los lugares que ocupaba previamente. Ya pueden ustedes oír la marcha militar que indica que las tropas van a reanudar el desfile. Ha sido un susto provocado por un desalmado que ha generado una estampida con caídas de algunas personas y ataques de pánico.*
>
> *—Felizmente todo vuelve a la normalidad. El desfile se reanuda con el paso de una compañía de infantería con su uniforme de campaña del regimiento León número 2, perteneciente a la Primera División con su cabecera en la villa de Madrid, bajo el mando del general de división Virgilio Canellas Ferrer...*

El matrimonio respiró aliviado. La mujer suspiró.

—*¡Bendito sea Dios! ¡No gana una para sustos!*
—*Cualquier día va a pasar algo muy gordo y este gobierno no quiere reaccionar.*
—*Florentino, yo estoy muerta de miedo. Todos los días le rezo a la Almudena y al Cristo de Medinaceli...*
—*No te preocupes, mujer. Lo que tenga que pasar pasará y ojalá sea cuanto antes, porque esto no se puede soportar más.*
—*No digas eso, Floren.*

Los dos se enfrascaron en sus pensamientos, cada uno en los suyos. Para él unos pensamientos de preocupación, de añoranza de un pasado más tranquilo y de un futuro incierto lleno de nubarrones. Ella pensaba, bajo el fantasma del miedo, en sus hijos, en su marido militar y en los tiempos convulsos que les estaba tocando vivir y que podían arrastrar a todos al abismo de la guerra y de la muerte.

La radio siguió encendida emitiendo marchas militares interrumpidas por la voz de un locutor entusiasta que daba a su narración un tono patriótico.

—*Seguidamente pasan por delante de la tribuna presidencial cuatro compañías de la Guardia Civil con sus uniformes de gala. El público congregado frente a nuestra estación de radio aplaude y da vivas al Benemérito Cuerpo.*

El narrador oyó perfectamente los improperios de un grupo de anarquistas y marxistas contra la Guardia Civil, pero los obvió y decidió no informar de ello a sus radioyentes y siguió con sus explicaciones sobre los orígenes del Benemérito Cuerpo, la historia de la unidad que pasaba frente a la tribuna presidencial, homenajeando con sus palabras a los que desfilaban en ese momento ante él.

De repente se oyeron, entre el murmullo del público y la música militar, unos golpes secos en las inmediaciones de la tribuna presidencial. Eran disparos, muchos disparos seguidos de carreras, gritos y confusión. Azaña era evacuado por sus escoltas e introducido en el automóvil presidencial. Los locutores y técnicos de la emisora de radio se pusieron a buen recaudo abandonando los micrófonos. La emisión quedo interrumpida y la radio comenzó a lanzar al espacio un chisporroteo permanente e insoportable.

El teniente-coronel Florentino González se levantó de su sillón, apagó el aparato de radio y se dirigió hacia el rincón del salón donde sobre una mesita con un pequeño tapete hecho con la técnica de ganchillo estaba un teléfono negro de baquelita. Descolgó y marcó con rapidez. Al otro lado de la línea estaba su capitán ayudante.

*—Plana Mayor del Parque Móvil de la Guardia Civil. ¡Dígame!*
*—Soy el teniente-coronel González Vallés.*
*—¡A sus órdenes, mi teniente-coronel!*
*—Capitán, ¿Tiene usted conocimiento de lo que ha ocurrido en el desfile del Paseo de Recoletos?*
*—No, mi teniente-coronel.*
*—Haga gestiones y entérese de qué ha pasado. Ha debido ser algo grave, porque mi esposa y yo estabamos oyendo la radio, han sonado disparos y la emisión se ha interrumpido.*
*—Ahora mismo me informo y le llamo, mi teniente-coronel.*
*—Gracias, Martínez.*

La mujer comenzó a suspirar y a respirar llenando por completo sus pulmones. Notó que su corazón latía con rapidez inusitada, sentía sus palpitaciones en las sienes. Un mal presagio revoleteaba en su mente. Su sexto sentido orientó sus pensamientos a escenas llenas de dolor, sangre y muerte. Su marido no emitió palabra alguna, se limitó a dirigirse a ella inclinándose y besando su frente. Luego vio cómo se dirigía a la alcoba, posiblemente para vestirse con su uniforme reglamentario y dirigirse al cuartel.

Una hora después, el capitán Martínez, de la Plana Mayor del Parque Móvil de la Guardia Civil, informaba a su superior en el despacho de los tristes y dramáticos sucesos ocurridos sólo unos minutos antes en el Paseo de la Castellana, donde uno de sus hombres, el alférez Anastasio de los Reyes, había sido asesinado. Los dos militares, que ahora servían en la Guardia Civil, habían tenido contactos con la muerte en la guerra del Riff, en Marruecos. Tuvieron que enterrar a varios de sus compañeros. Pero esto era muy distinto. La muerte no estaba prevista en época de paz y menos teniendo en cuenta que el fallecido estaba franco de servicio.

El guardia conductor del vehículo oficial condujo a gran velocidad por el centro de Madrid. La tarde estaba plomiza. Llovía más que por la mañana. Las calles estaban desiertas. La noticia del luctuoso suceso había corrido como la pólvora por las calles de la capital. Se mascaba el miedo al futuro. Los nubarrones habían cubierto el cielo. La ciudad se había vestido de un gris intenso, pesado y desagradable.

El teniente coronel González Vallés y su ayudante permanecían en silencio en el asiento trasero del automóvil.

El depósito judicial de la calle Santa Isabel era un hervidero de gente: curiosos, guardias de asalto, guardias civiles, algún concejal del Ayuntamiento de Madrid, sanitarios, enfermeros, médicos,... Los dos jefes del fallecido se abrieron paso entre los allí presentes. Un joven era atendido por uno de los médicos. Alguien les comentó que aquel joven era el hijo del alférez fallecido. Se dirigieron a él.

*—Soy el jefe de tu padre. Te acompaño en el sentimiento. Tu padre era un buen hombre y un gran oficial que ha muerto por su amor a España y la Guardia Civil.*

Los dos militares, compañeros del finado, abrazaron al muchacho que no lloraba y parecía en estado de shock.

*—Mi madre está en casa y no sabe nada de esto.*
*—Capitán, diríjase con mi conductor al domicilio del alférez de los Reyes, comunique lo que ha ocurrido y póngase a disposición de su viuda.*
*—A sus órdenes mi teniente-coronel.*
*—Antes, pase por el Parque Móvil y disponga lo necesario para que se pueda establecer en la sala de oficiales la capilla ardiente.*
*—Así lo haré, mi teniente-coronel.*

Tres guardias de Asalto se encontraban ante la puerta de la sala de autopsias donde yacía el militar asesinado. Tenían órdenes directas del Ministro de la Gobernación de que el finado permaneciera allí hasta nueva orden. Ni la familia ni los compañeros podrían disponer de los restos del alférez. Los guardias de asalto estaban esperando que los médicos forenses terminaran con la autopsia y las autoridades decidieran dónde llevar el cadáver. Las horas pasaban lentamente. Los de asalto recibieron refuerzos. Llegó una camioneta con al menos quince guardias más.

El teniente-coronel Florentino González Vallés y el joven David se dirigieron con decisión hasta donde estaba el cabo de Asalto encargado de la custodia del muerto. Éste saludó militarmente al jefe de la Guardia Civil.

*—Cabo, soy el jefe del alférez Anastasio de los Reyes y éste joven es su hijo. Venimos para llevarnos el cadáver. La capilla ardiente será instalada en el*

*Parque Móvil, donde él prestaba servicio. Es decisión de la familia, de sus jefes y de sus compañeros.*
*—Lo siento mi teniente-coronel, pero tengo órdenes de no entregar al fallecido a nadie. Por lo que tengo entendido, el Gobierno ha dispuesto que sea enterrado en la intimidad y sin publicidad en el cementerio de la Almudena esta misma noche.*

El teniente-coronel no contestó y volvió sobre sus pasos. A la entrada del depósito judicial se habían ido congregando gran cantidad de jefes y oficiales del Ejército y de la Guardia Civil. Formaban corrillos que comentaban los luctuosos sucesos de ese día. Pronto uno de esos grupitos fue informado de los deseos del Gobierno del Frente Popular: Entierro sin publicidad y sin honores. La noticia se extendió rápidamente no sólo entre los allí presentes, sino también por las salas de oficiales de los cuarteles de medio Madrid.

*—¡No podemos consentir que a un héroe no se le den los honores que se merece y el entierro se pretenda que se haga a hurtadillas!*
*—¡El honor es la principal divisa de la Guardia Civil!*
*—¡No lo consentiremos!*
*—Llevemos el cadáver al Parque Móvil, mi teniente-coronel.*
*—¡Adelante!*

Florentino González Vallés, hombre curtido en la guerra de Marruecos, no era de los que se amilanaba ante los retos. Tomó la iniciativa y acompañado de tres comandantes y dos capitanes entró en el depósito judicial con total determinación. Se llevarían el cadáver por las buenas o por las malas, costase lo que costase. Los guardias de Asalto se percataron de la situación de inmediato. Miraron a su jefe esperando su reacción. El cabo de Asalto les franqueó el paso. De no haberlo hecho estaba seguro que podría haber recibido un disparo, ya que alguno de aquellos oficiales tocaba su pistola, aunque en ningún momento la extrajera de su funda. Los guardias de asalto respiraron aliviados. De haber ofrecido resistencia, el enfrentamiento armado hubiera sido inevitable.

El médico forense sintió un sobresalto cuando aquel grupo de militares entró en a la habitación sin llamar. No saludaron.

*—En nombre del Ejército y de la Guardia Civil, venimos a hacernos cargo del alférez de los Reyes para velarle y honrarle como se merece.*

*—Pues, como ustedes saben, el cadáver de este oficial está a disposición de la Dirección General de Seguridad y yo, sin orden expresa...*
*—Usted doctor, no me ha entendido bien o no quiere entenderme, he dicho que venimos a llevarnos los restos mortales del Sr. De los Reyes...*

El médico forense se sintió herido en lo más profundo de su orgullo y se percató que él nada podía hacer por impedir lo que aquellos hombres se habían propuesto. Por un momento tuvo la intención de responder a aquel soberbio militar, pero se contuvo. Para él, eran unos fascistas peligrosos y no valía la pena correr ningún riesgo. No se explicaba por qué los guardias de asalto, apostados fuera, no habían cumplido con las órdenes recibidas de no dejar pasar a nadie a aquella habitación. Salió de aquel habitáculo y dejó correr los acontecimientos, limitándose a informar telefónicamente a la Dirección General de Seguridad de lo que había ocurrido.

Un coche fúnebre se encontraba en la calle. El féretro fue conducido a hombros por cuatro oficiales de la Guardia Civil hasta la puerta del edificio. Los guardias de asalto asistían impasibles al desarrollo de los acontecimientos. Se montó espontáneamente una comitiva fúnebre que enfiló hacia el Paseo del Prado, camino del Parque Móvil. En el trayecto se fueron sumando al grupo jefes y oficiales del Ejército, guardias civiles de todos los empleos y algunos paisanos.

Un automóvil circulaba a toda velocidad por la Castellana. Dentro del vehículo el Inspector General de la Guardia Civil, **general Pozas, (7)** acompañado de su capitán ayudante, ordenaba a su conductor que forzara la marcha para llegar cuanto antes al paseo del Prado. Se encontraron de frente con la comitiva fúnebre. El vehículo que portaba el féretro tuvo que parar. El automóvil donde viajaba el general de la Guardia Civil, le cerraba el paso. De él se bajaron éste y su capitán ayudante. El teniente-coronel González Vallés se plantó ante su superior, recién llegado.

*—¡A sus órdenes mi general!*
*—Teniente-coronel, está usted incumpliendo una orden. Creo que sabe usted de sobra las consecuencias de este acto de indisciplina. ¡Queda usted arrestado! Será sometido a un consejo de guerra.*
*—Por encima de la disciplina está el honor, mi general. Todos los que acompañamos este féretro somos hombres de honor y no consentiremos que se deshonre a un compañero que ha dado la vida por España y por la Guardia Civil. Yo asumo personalmente todas las consecuencias de este acto. Y ahora, mi general, apártese o aténgase a las consecuencias.*

Pozas estuvo tentado a sacar su pistola y disparar en el pecho a su subordinado, pero pensó que si lo hacía, él sería inmediatamente abatido por los que acompañan al teniente-coronel rebelde. Se sintió herido profundamente en su orgullo y el deseo de venganza se hizo dueño de sus pensamientos. Todo un Inspector General de la Guardia Civil humillado por uno de sus subordinados. En aquel momento odió a muerte a aquel teniente-coronel. Pagaría cara su osadía, más pronto que tarde.

La comitiva continuó despacio hacía el Parque Móvil. Algunos viandantes aplaudían a su paso, conocedores de quien ocupaba aquel ataúd y de los sucesos que había protagonizado el fallecido y los que le acompañaban. Cuando llegaron a su destino, un guardia de puertas se dirigió a su teniente-coronel para indicarle que un capitán de la plana mayor le esperaba en el despacho para entrevistarse con él.

*—A sus órdenes mi teniente-coronel. Han llamado del Ministerio de la Gobernación. Las órdenes son que se vele el cadáver hasta pasado mañana, día 16, a las 11 de la mañana, que se celebrará el entierro.*

El féretro fue colocado en la sala de oficiales en medio de un silencio sepulcral. Cuatro guardias civiles velaban a turnos el cadáver en actitud marcial.

Los compañeros del finado fueron pasando ante él, en una cola interminable, para rendirle un último homenaje. Fueron llegando coronas de flores de los distintos cuarteles, sufragadas con la aportación de los jefes y oficiales de los regimientos militares. Algunos rudos guardias no pudieron reprimir sus lágrimas con la llegada de la viuda al lugar. Aquella mujer, de riguroso luto, de edad madura, llevaba grabada en su cara el dolor intenso de una pérdida irrecuperable. Desgarrada por los acontecimientos que estaba viviendo, lloraba casi en silencio, sin aspavientos ni histerias. Algunas mujeres, esposas de los compañeros de su marido, se acercaron para acompañarla de cerca y darle un poco de calor humano. La viuda no era consciente al cien por cien de lo que estaba viviendo. Flotaba en una nube en medio de aquel intenso dolor que le embotaba el cerebro y los sentidos. El silencio era total. Un sacerdote comenzó a rezar el rosario, secundado por todos los allí presentes. Fuera, en los pasillos, todo eran uniformes caquis y verdes. Muchos de aquellos hombres conversaban en voz baja.

*—Dicen que el gobierno ha ordenado que el sepelio sea a las 11 de la mañana.*

*—Y ¿Por qué no a las cinco de la tarde?*

*—Pretenden que no podamos asistir. La mayoría de los oficiales tenemos nombrado servicio por la mañana.*

*—Eso habrá que hablarlo y tomar nosotros la decisión sobre la hora del entierro.*

En el bar de oficiales se decidió mayoritariamente que el entierro se celebraría a las cinco de la tarde del día 16 de abril, sí o sí. Se confabularon en una asamblea espontánea donde reinó inmediatamente la unanimidad. Todos fueron conscientes de que aquella decisión les acarrearía serios problemas, pero estaban dispuestos a asumirlos con determinación. Un sargento se desplazó a la redacción del diario ABC con el texto de la esquela mortuoria que se pretendía publicar al día siguiente. El texto evidenciaba que aquellos militares habían decidido, desoyendo al gobierno, enterrar a su compañero con publicidad y ostentación. No obstante, el Gobierno consiguió que aquella esquela fuera publicada al día siguiente mutilada. Se eliminó del texto de que el fallecido era oficial de la Guardia Civil, no apareció la hora del sepelio ni que los que habían sufragado los gastos de la publicación de la esquela eran militares y guardias civiles.

Al día siguiente, el diputado derechista **don José Calvo Sotelo (8))** subía al estrado de la Cámara Baja con cara de consternación y enfado:

*—En la mañana de hoy, en un periódico, el ABC, ha aparecido la esquela mortuoria de un oficial de la Guardia Civil asesinado anteayer. Por primera vez en los fastos de la censura aparece la incrustación del censor en una esquela mortuoria, profanada y deshonrada de esa manera. Fue enviada no por la familia del finado, sino por la oficialidad, y los guardias del Instituto Benemérito. ¿Y qué es lo que ha suprimido de esta esquela el censor? Pues tres cosas: Primera, que don Anastasio de los Reyes era oficial de la Guardia Civil; segunda que los que publicaron la esquela eran miembros de la Guardia Civil —porque no aparecen estas dos palabras— y, tercera, la hora en la que habría de celebrarse el sepelio.*

*El gobierno que ocupa ese banco, y que necesita de los servicios meritísimos y patrióticos de estos hombres, no sólo lo ha consentido, sino que ha dado las órdenes para el escarnio.*

*No quiero hacer más comentarios. Vosotros tendréis el concepto que queráis de este Instituto. Yo, con Monarquía y con República, antes y después de la revolución de octubre, sigo pensando en su gloriosa tradición, en su ejemplar conducta, en considerarlo lo único, lo mejor de las instituciones que tiene España…*

## *Capítulo 3*
# ENTIERRO SANGRIENTO

*Madrid, 16 de abril de 1936.*
*Tres meses y dos días antes del inicio de Guerra Civil.*

Durante toda la desapacible tarde del jueves 16 de abril de 1936, innumerables personas se acercaron al parque Móvil para rendir un póstumo homenaje al alférez Anastasio de los Reyes García y dar el pésame a sus familiares, compañeros y amigos. A la una y media de la tarde, el cadáver era trasladado al cuartel que la Guardia Civil tenía en el edificio conocido como de "Bellas Artes", en la zona de los altos del Hipódromo. El edificio construido en 1882, en época de la reina regente María Cristina para albergar la primera Exposición Nacional de Bellas Artes en 1899, había quedado en desuso y parte de él fue ocupado por el Benemérito Cuerpo. Desde allí estaba previsto que el cortejo fúnebre partiera a las tres de la tarde hacia el cementerio de la Almudena.

El comandante del Segundo Grupo del Cuerpo de Seguridad y Asalto, Ricardo Burillo, se encontraba desde primera hora de la mañana en su despacho del cuartel de Pontejos, en las traseras del Ministerio de Gobernación, en plena Puerta del Sol. Leía con avidez un informe confidencial sobre los desgraciados sucesos que se habían producido en Madrid en las últimas cuarenta y ocho horas. Aquel militar de 45 años, a pesar de pertenecer a una familia cordobesa aristocrática y conservadora, era un hombre de izquierdas, puritano, anticlerical convencido y miembro activo de la **Unión Militar Republicana Antifascista (UMRA) (9)**. Se sobresaltó ligeramente ante el sonido estridente del teléfono de su despacho. Era el Director General de Seguridad, **José Alonso Mallol. (10).**

—*Comandante Burillo al aparato. ¡Dígame!*

—*Soy Alonso Mallol.*

—*¡A sus órdenes, Señor Director!*

—*Ricardo, he estado hablando con el ministro y me comenta que ha tenido noticias que los militares fascistas pretenden que el cortejo fúnebre de esta tarde pase por el sitio donde fue abatido el finado. En principio se les ha comunicado, a través del Inspector General de la Guardia Civil, que para evitar disturbios vayan por la calle Serrano, a lo que se han negado. ¿Cuál es su opinión?*

*—Yo opino, don José, que no van a hacer caso. Los ánimos están muy caldeados y si actuamos por la fuerza el enfrentamiento violento es seguro.*

*—Lo mismo pienso yo. Hagamos la vista gorda. No obstante, comandante, elabore usted un dispositivo policial adecuado a las circunstancias. Porque como usted bien ha dicho, los ánimos están "calentitos". Manténgame informado de las novedades que se produzcan.*

*—Así lo haré, Don José.*

A las dos y media de la tarde, las inmediaciones del cuartel de Bellas Artes era un hervidero de gente. Miles de personas se habían congregado, más que para dar su último adiós al guardia asesinado, para demostrar sus afinidades políticas y su apoyo a las fuerzas de seguridad en aquellos días convulsos. Todo Madrid se había enterado de la fecha y hora de las exequias, a pesar de que el gobierno había pretendido silenciarlo. En la mayoría de los cuarteles, sus jefes cumpliendo órdenes del Ministerio de la Guerra, a esa hora habían programado actividades de revista de armas y material para evitar que los mandos pudieran estar en el entierro. La mayoría de los jefes y oficiales iban a incumplir el horario que pretendían imponerles aquel día.

Hombres uniformados accedían al interior del recinto castrense: Guardias de asalto, carabineros, militares de las distintas armas y cuerpos y por supuesto mayoría de guardias civiles, compañeros del fallecido. Con la llegada de algunas autoridades del Gobierno se rompió el silencio. Se oyeron algunos silbidos e improperios contra el Director General de Seguridad, señor Alonso Mallol, y sus acompañantes, el Subsecretario de Guerra señor Mena, el General Inspector de la Guardia Civil general Pozas, el Jefe Superior de Policía don Pedro Rivas y el Comisario General de Investigación Criminal señor Lino. Unos minutos después, en la acera de enfrente del edificio se oyeron algunos aplausos. De un automóvil negro bajaron **Gil Robles (11)** y Honorio Maura, conocidos líderes de derechas.

De repente, se produjo un revuelo en un lateral del acuartelamiento.

*—¡Tú, rojo! ¿Qué haces aquí?*

Las palabras iban dirigidas a un oficial de la Guardia de Asalto que acababa de llegar al lugar. Era el teniente Moreno, conocido militante de izquierdas que había participado activamente en el golpe de estado revolucionario contra el Gobierno de la CEDA (Confederación Española de Derechos Autónomos) en 1934. El general Pozas se percató de lo que pasaba y acudió al lugar con prontitud. Con voz enérgica se dirigió a los presentes:

—*¡Aquí puede venir quien quiera! ¡Nadie puede censurar que se venga a honrar a un compañero!*

Con puntualidad castrense, el cortejo fúnebre salía del cuartel a las tres de la tarde. Se había decidido unánimemente desobedecer a la autoridad gubernativa y seguir el itinerario no autorizado, es decir conducir el cadáver por el mismo lugar donde había sido asesinado, marchando a lo largo de los paseos de la Castellana y Recoletos y entrar, por la plaza de Cibeles, en la calle de Alcalá. Todo apuntaba a que aquel entierro no iba a discurrir por los caminos de la normalidad. Se esperaban serios disturbios y tanto la Guardia Civil como la Guardia de Asalto estaban alertadas y preparadas para garantizar el orden público y la seguridad de los asistentes.

El ataúd era portado por seis guardias civiles de uniforme, precedidos por varios sacerdotes y una cruz de gran tamaño delante del grupo de eclesiásticos. Detrás del féretro dos vehículos fúnebres portaban al menos dos docenas de coronas, quedando totalmente cubiertos por las mismas. Dos de aquellas coronas habían sido retiradas por orden del general Pozas. En una de ellas, una banda que la decoraba tenía escritas en letras doradas: "De tus compañeros. Honor al que han tratado de deshonrar." En la otra corona figuraba una leyenda similar que comprometía claramente al gobierno.

Numerosísimos militares, en riguroso y respetuoso silencio, caminaban detrás de las personalidades y los coches de la funeraria. No habían transcurrido quince minutos, cuando un grupo de jóvenes falangistas gritaron desde la acera insultos al paso de los miembros del Gobierno. Un individuo de traje gris exhibió una pistola que tenía oculta en el bolsillo del pantalón, para intimidar a los alborotadores. Alguien comentó que se trataba de uno de los escoltas del Director General de Seguridad, señor Alonso Mallol. Al menos tres personas, inicialmente, se abalanzaron sobre aquel desconocido. Le llovieron puñetazos, sufrió patadas y empujones. En aquella agresión cada vez participaba más gente. Varios guardias de Asalto se empeñaron a fondo para socorrer a aquel desdichado y evitar que fuera linchado. El Jefe Superior de Policía se aproximó al lugar donde se producía el incidente y también recibió varios golpes cuando colaboraba con los guardias en separar a aquel hombre de sus feroces agresores. En el fragor de aquella pelea no había sido reconocido por los alborotadores. Tras grandes esfuerzos, en el que los de Asalto tuvieron que esgrimir sus defensas reglamentarias de goma, se restableció el orden. El arma fue incautada y su propietario detenido y conducido a la comisaría del distrito por tres guardias de asalto, para instruir las preceptivas diligencias policiales. Se trataba de un militante comunista que carecía de licencia para portar armas. La mayoría de aquel gentío no se percató de lo ocurrido. El cortejo fúnebre reanudó la marcha. De cuando en cuando se oían gritos y vivas a favor de la Guardia Civil y del Ejército. David de los Reyes elevó su voz para pedir respeto en el entierro de su padre.

A la altura de la Escuela Normal, un fotógrafo ambulante de los conocidos popularmente como "minuteros", por su capacidad de revelar y entregar, en pocos minutos, un retrato fotográfico, se disponía a inmortalizar a los que iban encabezando el cortejo. En ese momento varios militares de uniforme levantaban el brazo realizando el saludo fascista al tiempo que uno de ellos lanzaba a voz en grito un ¡Viva España!

*—¡Eh, tú! A mí, no se te ocurra fotografiarme.*
*¡Métete la cámara donde te quepa!*
*—Yo fotografío lo que quiero, la calle es un sitio público, no privado...*

El fotógrafo se vio pronto rodeado por varios individuos que le amenazaban muy seriamente. La intervención de dos guardias de los que cubrían carrera hizo que el incidente no tuviera serias consecuencias para aquel profesional de la fotografía. El estado de excitación, nerviosismo y alarma iba creciendo entre los que habían acudido a aquel entierro. Se mascaba la tragedia y todo presagiaba que aquel acto fúnebre acabaría en grandes disturbios. Los gritos de vivas a España y a las Fuerzas Armadas no cesaban y cada vez se iban incrementando más. La comitiva, cada vez más numerosa, ocupaba la totalidad de la carretera central y los dos andenes del Paseo de la Castellana. Los nervios de los asistentes estaban a flor de piel y cualquier pequeño incidente multiplicaba su importancia exponencialmente. Un joven que caminaba junto al féretro gritó:

*—¡Cuidado con ese que lleva una pistola!*
*—¡Una pistola, ha sacado una pistola!*
*—¡Ese cabrón estaba apuntando con una pistola!*

Se produjo un gran tumulto. La excitación y el miedo se adueñaron del público. Carreras, empujones y reacciones de pánico, en el lugar. Varios de las personas próximas al incidente se ocultaron tras un automóvil mientras otras se refugiaban en los portales de la calle. Tres jóvenes falangistas corrieron en dirección a donde presuntamente se encontraba el pistolero para hacerle frente. No encontraron a nadie. Dos guardias de Asalto les impidieron el acceso al portal de una finca próxima, donde alguien comentó que se había ocultado el individuo armado. ¡Nada! Todo parecía una falsa alarma. El sosiego y una calma tensa fueron apareciendo poco a poco en la comitiva fúnebre que continuó su marcha lenta.

—*¡Viva España!*
—*¡Viva!*
—*¡Viva la Guardia Civil!*
—*¡Viva!*

El fúnebre cortejo siguió avanzando por el Paseo de la Castellana, hasta llegar a la parte posterior de un edificio en construcción con la puerta de acceso por la Calle Miguel Ángel número 22, junto a la embajada de Brasil. Desde los pisos superiores de la obra varios obreros presenciaban el paso de aquel entierro multitudinario. Un grupo de falangistas que se percataron de ello les saludaron provocativamente brazo en alto, al modo fascista. Los operarios de la obra contestaron puño en alto, acompañado el gesto con insultos e improperios.

El silencio fue roto por un tableteo característico de las ráfagas de ametralladora y de pistolas automáticas. Alguien indicó que los proyectiles procedían del edificio en obras. Al menos se pudieron contar veinticinco disparos y varias descargas cerradas. Nuevamente carreras desaforadas, huidas despavoridas, caídas, pisotones, empujones,… Se había perdido la poca serenidad que quedaba en aquella aciaga tarde. El caos era total. Muchos de los militares que iban en el entierro se lanzaron cuerpo a tierra, otros buscaron parapetos próximos sacando sus armas cortas y encañonando al lugar de donde procedían los disparos. Varios comerciantes bajaban las persianas metálicas de sus escaparates y cerraban con inusitada rapidez las puertas de acceso de sus establecimientos. Se estaba produciendo una guerrilla urbana en toda regla. En el suelo yacían sangrantes varias víctimas de aquel ataque armado. Un muchacho de poco más de dieciocho años estaba tendido en la acera con un impacto de bala en el vientre. Su respirar jadeante denotaba la importancia de la herida. Dos guardias civiles y un paisano le socorrieron, introduciéndole en un coche que partió velozmente hacia el cuartel de la Guardia Civil de Bellas Artes. Minutos después un médico militar le asistió en el botiquín del acuartelamiento, certificando la extrema gravedad de las lesiones. Se ordenó su evacuación inmediata al centro médico del distrito, para ser atendido de urgencia por el equipo quirúrgico.

Los heridos de bala yacían en la calzada en medio del caos. La sangre brotaba de sus cuerpos inertes, en algunos casos. Dos ambulancias de la Cruz Roja y vehículos particulares trasladaron a las víctimas en función de su aparente gravedad a las clínicas y casas de socorro más cercanas: Hospital de la Cruz Roja, Equipo Quirúrgico del distrito Centro y Casas de Socorro de Chamberí y Buenavista.

Simultáneamente, guardias de Asalto de servicio en la protección del itinerario coordinaron perfectamente el avance para penetrar en el edificio en obras, tras realizar disparos intimidatorios. Guardias civiles francos de servicio, oficiales del ejército y algunos civiles armados se sumaron voluntariamente al asalto del inmueble. Los obreros iniciaron la bajada hacia la calle. A medida que se cruzaban en las escaleras con los guardias, eran encañonados y obligados a levantar los brazos para ser cacheados minuciosamente uno a uno. Todos los trabajadores de la construcción fueron conducidos seguidamente al exterior, donde numerosos guardias de asalto les trasladaron a las camionetas del cuerpo policial para ser llevados, en calidad de detenidos, a la Dirección General de Seguridad. Alrededor de treinta obreros fueron interrogados en las dependencias policiales sobre los hechos ocurridos.

En la parte alta del edificio tres individuos fueron vistos huyendo con armas en la mano, saltando a un tejado colindante. El registro minucioso en la obra en busca de vestigios y pruebas fue infructuoso. En la calle, se veían armas desenfundadas por todas partes y el pánico era general. La gente huyendo hacia la calle Serrano era interceptada por un grupo de guardias de asalto. Allí se había establecido un control selectivo de personas y se cacheaba exhaustivamente a algunos individuos. Se les obligaba a levantar los brazos mientras eran encañonados. Los comercios habían echado sus cierres y los porteros de los inmuebles próximos cerraron los portales a cal y canto.

Un cabo de la Benemérita se dirigió a su superior:

*—¡A sus órdenes mi capitán! He encontrado estos ocho casquillos de bala en aquella claraboya.*

*—Estos han ido a para allí después de rebotar en los muros en construcción.*

Mientras, varios integrantes cualificados de la comitiva fúnebre recomendaban calma y prudencia. Muchos de aquellos hombres eran militares africanistas acostumbrados al combate y por tanto a los tiroteos y a las escaramuzas bélicas.

Casi inexplicablemente y a pesar de la dramática y peligrosa situación, el cortejo se organizó de nuevo y continuó su cansina marcha hasta la Calle de Alcalá ya sin incidentes.

—*¡Viva España!*
—*¡Viva la Guardia Civil!*

El general Pozas, General Inspector de la Guardia Civil, ordenó que la comitiva fúnebre se desviara por la calle Lista, en lugar de seguir por el paseo de la Castellana y así evitar la acción de algunos francotiradores que pudieran estar apostados esperando el paso del entierro. Todos se negaron a cumplir con la sensata sugerencia. Un capitán jubilado se dirigió al general con una total falta de respeto:

—*¡No tienes cojones! Nosotros sí los tenemos. ¿No tenías que haber dejado el mandil en la cocina? ¡Eres un mariconazo!*

Pozas reaccionó como si no hubiera oído al maleducado e insolente capitán. Éste se sintió contrariado y despreciado y se acercó al general agarrándole por la solapa al tiempo que lo zarandeaba. Dos oficiales se interpusieron entre ambos impidiendo una más que posible agresión. Unos años antes hubiera sido impensable que un capitán cometiera una falta disciplinaria tan grave.

El Director General de Seguridad, Alonso Mallol, se dirigió a su hombre de confianza:

—*Antonio, vaya usted inmediatamente al teléfono más próximo y llame a la Dirección. Que se impartan las órdenes de que toda la Fuerza de Asalto disponible se movilice inmediatamente.*

A la altura de la calle de Lista, se produjeron nuevos disparos desde terrazas y azoteas de las casas. De nuevo, cayeron en el asfalto varias personas heridas y los atacantes lograron huir. La Guardia de Asalto practicó cacheos y estableció un dispositivo de vigilancia alrededor de la comitiva, para intentar garantizar su seguridad. Como si de un avance militar de guerrilla urbana se tratara, los hombres uniformados y armados avanzaron por los laterales de las calles con las armas desenfundadas y amartilladas, protegiendo la comitiva por la Castellana y la plaza de Colón, hasta iniciar su paso por el paseo de Recoletos. A la altura del número 6, de nuevo desde un edificio en obras, se efectuaron nuevos disparos sobre la comitiva, nuevamente caen varios heridos por armas de fuego. La guerra de guerrillas y el peligro consiguiente se había generalizado.

Tras este tercer ataque, los asistentes se encontraban en un gran estado de nerviosismo y agresividad, tras sentirse acosados y atacados por las calles de Madrid y habiendo dejado atrás a varios muertos por el camino. Algunos de ellos, pocos, abandonaron el lugar. Otros continuaron y no se marcharon de comitiva, evitando ser tildados de cobardes por sus compañeros militares.

Un grupo de jóvenes oficiales y de falangistas veinteañeros se dirigieron a las personas que desde la acera contemplaban el paso del féretro:

*—¡Sombreros y gorras fuera! ¡Descubriros ante el paso de un héroe caído!*
*—¡Tú!, ¿No has oído? ¿O es que quieres unas hostias?*

A unos veinte metros cuatro obreros que salían de un portal respondieron puño en alto, siendo inmediatamente perseguidos por varios militares pistola en mano. Cuatro guardias de asalto se interpusieron entre ambos grupos, evitando que se emplearan las armas contra los huidos. En la Plaza de Cibeles, un grupo de la Guardia de Asalto con material antidisturbios desplegó con la orden de evitar que ningún grupo accediera al cercano Congreso. Los diputados celebraban sesión parlamentaria. Un comandante de la legión muy exaltado la emprendió a gritos:

*—Los políticos están en el Congreso. ¡Vamos a hacerles una visita!*
*—¡Al Congreso, al Congreso, al Congreso...!*

El cortejo se había detenido ante la diosa Cibeles y no avanzaba por la calle de Alcalá hacia la plaza de Manuel Becerra, donde se le debía decir el último adiós al cadáver, camino del cementerio, como era tradición. Los miembros más exaltados de la comitiva fúnebre quisieron seguir por el paseo del Prado hacia la Carrera de San Jerónimo y llegar al palacio de las Cortes.

*—Vamos hacia las escaleras del Congreso y allí que salgan los diputados a prestar su respetos al héroe caído.*

Un grupo numeroso de miembros de partidos de izquierdas se estaban concentrando en la Carrera de San Jerónimo para, si se diera en caso, enfrentarse a los que pretendían llegar con el cadáver al Congreso de los Diputados. Debajo de las chaquetas de algunos se ocultaban armas cortas dispuestas, sin lugar a dudas, a ser utilizadas en caso necesario.

—*¡Defendamos a nuestros diputados de los militares fascistas que pretenden tomar el Congreso!*

El baño de sangre era inevitable. La Guardia de Asalto de servicio en la zona debía enfrentarse a dos grupos armados de signos políticos opuestos y dispuestos a todo. Los guardias estaban entre dos fuegos, en una posición difícil y extremadamente peligrosa.

David de los Reyes, hijo del finado, se negó a que el cadáver de su padre fuera la causa de más derramamientos de sangre.

—*Señores, respeten a mi padre y démosle cristiana sepultura. Él no querría que se derramase más sangre por su causa.*

Las palabras desgarradoras y sensatas del joven hicieron que la cordura se impusiera y la comitiva fúnebre continuara, por la calle de Alcalá en dirección a la Plaza Manuel Becerra, un poco más sosegada. A partir de la Puerta de Alcalá se decidió que el féretro con el cadáver del alférez De los Reyes dejara de ser transportado a hombros de sus compañeros y fuera introducido en un coche fúnebre camino del Cementerio Municipal del Este "nueva denominación" laica del cementerio de La Almudena. Buena parte de los asistentes, sobre todo jefes y oficiales de la Guardia Civil, del Ejército y personalidades civiles, tomaron automóviles oficiales, privados y taxis, siguiendo al coche fúnebre. A media tarde recibió sepultura el infortunado militar, en presencia de un centenar de personas. La mayoría de los asistentes al sepelio no fueron al cementerio y se concentraron en la Puerta de Alcalá, iniciando una manifestación espontánea que marchó por la calle de Alcalá arriba. La mayoría eran jóvenes falangistas y oficiales treintañeros del Ejército. En la plaza Manuel Becerra, un grupo de guardias de asalto esperaba a los manifestantes con órdenes de disolverlos.

## *Capítulo 4*
# DISOLVER A TIROS

*Guardia de Asalto.*
*Madrid, 16 de abril de 1936.*

En la plaza Manuel Becerra, los guardias de asalto habían iniciado un despliegue con el material antidisturbios necesario para disolver la espontanea e ilegal manifestación que se les aproximaba. Al mando, el teniente José del Castillo, conocido miembro de la Unión Militar Republicana Antifascista (UMRA) e instructor de las juventudes socialistas. El oficial era muy conocido tanto por sus correligionarios como por los miembros más activos de la Falange y de otros partidos de derechas.

El teniente de Asalto José del Castillo Sáenz de Tejada había nacido en Alcalá la Real, provincia de Jaén, un 29 de junio de 1901, tenía por tanto en ese preciso momento 35 años. Su padre Valeriano del Castillo, era un abogado de reconocidas ideas liberales y su madre Cariño Sáenz de Tejada descendía de una destacada familia aristocrática de raíces vascas, la de los Condes de Ripalda. La familia era numerosa: cuatro hermanos (Valeriano, Pedro, Francisco y él mismo) y cuatro hermanas (Atocha, Griselda, Dolores y Laura).

José del Castillo, en los días de la Primera Guerra Mundial (1914-1918), era un adolescente, estudiante del colegio del Sagrado Corazón de Granada, prestigioso centro en el que ejercía la dirección D. Joaquín Alemán, gran amigo de su padre, y en el que se educaba el futuro poeta y dramaturgo Federico García Lorca. Su expediente académico era excelente. Su sueño: ser militar de carrera, como sus hermanos Valeriano y Francisco.

Con dieciocho años recién cumplidos ingresó en la Academia de Infantería de Toledo y tres años después concluyó su formación castrense, siendo promovido al empleo de alférez y destinado a Melilla, en concreto al Regimiento de Tetuán número uno. Durante tres años combatió en la guerra de Marruecos y es allí donde conoce a **Fernando Condés Romero, (12)** militar socialista y masón. Pronto entablaron una amistad fraguada en el peligro de la guerra y la camaradería cuartelera. Llegaron a ser como hermanos de sangre.

Al acabar la guerra, con veinticuatro años, José del Castillo es promovido al empleo de teniente por méritos de guerra y destinado al Regimiento de Infantería de Alcalá de Henares. Sintió dejar a su íntimo amigo Fernando, pero esa separación duró poco tiempo porque Fernando Condés pronto era destinado a Madrid.

*—¡Joder, Fernando! ¡Qué alegría verte! Sigues igual.*
*—¿Qué tal tus padres y tus hermanos?*
*—Están todos bien.*
*—¿Cómo van las cosas por aquí? Me dijo un compañero que por fin te has afiliado al partido. Que te vio por la Casa del Pueblo del distrito Centro. No me extrañó, aunque el que me lo contó que conoce a tu familia sí se sorprendió. Tú eres un aristócrata y tus apellidos compuestos te delatan: José del Castillo y Sáenz de Tejada.*
*—¡Siempre igual, Fernando. ¡No cambiarás nunca!*

Fernando Condés tenía gran ascendencia moral y política sobre su joven amigo. Le había imbuido, desde los años que habían vivido juntos en África, sus ideas revolucionarias y hoy el aristócrata se había convertido en un socialista comprometido.

En octubre de 1934 demostró con creces su espíritu de hombre de izquierdas, cuando durante la revolución contra el gobierno republicano de centro-derecha contraviniendo las órdenes de sus superiores se negó a disolver a unos manifestantes socialistas en Cuatro Caminos. Aquel año aún estaba prestando servicio en el Ejército, en una unidad de Infantería al mando de una sección de morteros. Los concentrados apoyaban a los obreros que combatían en la **Revolución de Asturias. (13).** El Gobierno de centro-derecha sacó el Ejército a la calle para controlar la situación.

Aquel día, 5 de octubre de 1934, había dado comienzo en España la huelga general revolucionaria. Era la respuesta de las organizaciones obreras a la entrada en el gobierno de Lerroux de ministros de la Confederación Española de Derechas Autónomas (CEDA) de Gil Robles.

El Circulo Obrero de la Calle Eugenio Salazar, en el barrio de Prosperidad de Madrid, tenía una inusual y numerosa concurrencia a pesar de que eran las cuatro de la madrugada.

Más de cincuenta individuos se habían concentrado en aquella sede política.

*—Compañeros, hemos llegado a una situación de crisis política insoportable. No podemos resignarnos. Es el momento de dar la batalla al fascismo y a la derecha enemiga del pueblo. O iniciamos ahora la revolución o pronto será demasiado tarde.*

*—Desde luego, camarada. Tenemos que sustituir este Gobierno por otro obrero. La única vía es la revolución que vamos a iniciar y que será el detonante para que el resto del país nos imite.*
*—Nuestro objetivo inmediato esta noche es apoderarnos del cuartel de la Guardia de Asalto de la Calle López de Hoyos*
*—¡Viva la revolución!*
*—¡Viva!*

Se abrieron varios cajones de madera que contenían armas y munición. Se repartieron entre aquellos exaltados, jóvenes en su mayoría. En el exterior varias parejas de militantes obreros armados con armas cortas de fuego protegían el edificio. Uno de aquellos milicianos se había situado en una azotea con un arma larga para proteger a sus compañeros en caso de necesidad.

Toda la ciudad de Madrid estaba tomada por guardias de asalto y guardias civiles. En las inmediaciones de los centros neurálgicos, los guardias de asalto identificaban y cacheaban a los pocos transeúntes que pasaban por la zona vigilada. La Dirección General de Seguridad estaba bien informada de las conspiraciones que se estaban llevándose a cabo y había dado las órdenes oportunas para evitar los actos revolucionarios que se estaba gestando.

Una camioneta, con al menos quince guardias de asalto con un capitán al mando, hizo acto de presencia en el barrio de Prosperidad. Fueron recibidos a tiros.

*—¡Todo el mundo a tierra! ¡Hay que repeler la agresión! ¡Fuego a discreción!*

Los guardias saltaron de la camioneta y en segundos estaban parapetados tras el escaso mobiliario urbano y los quicios de los portales de los edificios, haciendo uso de sus fusiles máuser contra los agresores.

Unos cuarenta guardias de asalto más, a bordo de dos camionetas, acudieron al lugar alertados por los disparos. Reforzaron el despliegue, iniciando un auténtico combate de guerrilla urbana que duró más de media hora. Los revolucionarios se fueron replegando desapareciendo poco a poco de la zona.

*—Mi capitán, el guardia Tomás Cascos Alonso ha recibido un balazo en el vientre y acaba de fallecer.*
*—¡Joder!*
*—Sargento. ¿Alguien más ha resultado herido?*

*—Hay tres guardias heridos, sólo uno de ellos de gravedad. Están siendo evacuados al hospital, mi capitán.*
*También ha sido evacuado uno de los milicianos con una herida en un hombro. Ha sido identificado como Ángel San Juan.*
*—Registren el Círculo Obrero y denme novedades del resultado del registro.*

El sargento dio las órdenes oportunas a sus hombres para que entraran en el edificio. Se distribuyeron en parejas y procedieron a inspeccionar las habitaciones del inmueble. Fueron haciendo acopio en el pasillo de las armas encontradas. Un verdadero arsenal fue amontonándose en el suelo. Un cabo de Asalto hizo el recuento, anotando en una libreta el tipo de armas, modelo, número y calibre de cada arma. Una vez terminada la operación se dispuso a informar a su capitán:

*—Mi capitán hemos requisado cuatro fusiles ametralladores con 23 cargadores de 40 proyectiles, once pistolas ametralladoras con culatín, un hacha, un cuchillo, 168 peines de Máuser del calibre 7,63, ocho cajas de munición del calibre 9 Parabelum, 718 proyectiles del calibre 9 largo y 26 bombas cilíndricas de mano, además de correajes y cartucheras.*
*—En un solar de la calle Áncora y en un garaje de la Calle Argumosa se han encontrado dos vehículos cargados de armas y munición, en este momento se está haciendo el recuento de dicho material de guerra.*
*—Hemos detenido a veinte evolucionarios y en los barrios colindantes a éste también se están practicando detenciones.*
*—Gracias, sargento.*

Al ser reducidos los insurrectos, ya no se pudieron ejecutar el plan establecido el resto de los implicados en el proceso revolucionario. El capitán Condés, destinado en el Parque Móvil de la Guardia Civil, tenía encomendado disfrazar de guardias civiles a 40 milicianos, en dos casas de las calles Bravo Murillo y Palencia, para introducirse en dicho Parque Móvil y tomarlo por las armas.

Por su parte, José del Castillo, como teniente del Regimiento de Infantería número 6, con sede en el cuartel de la Moncloa, se había comprometido a facilitar la entrada de los revolucionarios en el acuartelamiento, cuando estos iniciaran el asalto. El ataque se produjo con fuego intenso de ametralladoras, siendo repelido con éxito por los militares del cuartel. El teniente Castillo se tuvo que mantener en un segundo plano, a su pesar, al fracasar los planes de los revolucionarios.

Sabía que con su actitud se había expuesto a un Consejo de Guerra y quizás a la expulsión irremediable del Ejército por rebeldía. Finalmente fue juzgado y condenado a un año de prisión. Compartió presidio con algunos militares de izquierda que habían obrado como él y con su inseparable amigo Fernando Condés. Allí permanecieron hasta noviembre de 1935, que salieron en libertad.

Condés fue expulsado de la Guardia Civil, pero en febrero de 1936 se acogió a la amnistía que decretó el gobierno del Frente Popular. Se reintegró al Benemérito Cuerpo con el grado de Capitán.

Tras salir de la cárcel, Castillo había tomado una decisión, no reintegrarse en el Ejército. Así se lo hizo saber a su íntimo amigo y capitán de la Guardia Civil Fernando Condés.

*—Fernando, he decidido solicitar mi ingreso en la Guardia de Asalto. Es el único Cuerpo que defiende a la República claramente.*

Su amigo Fernando asintió. Sabía que una vez que había vencido el Frente Popular en las elecciones de febrero de 1936 le sería fácil ingresar en el nuevo Cuerpo Policial y máxime con sus antecedentes de defensor de la República y su afiliación política de izquierdas.

La Guardia de Asalto era un cuerpo de seguridad netamente republicano, creado por los gobiernos de izquierdas y con un ámbito de actuación urbano, una vez desplazado el grueso de la Guardia Civil a poblaciones inferiores y a zonas rurales. A sus miembros se les exigía una total e inequívoca lealtad republicana, por encima de las aptitudes intelectuales y profesionales.

El 12 de marzo de 1936 la Dirección General de Seguridad aceptó la solicitud del teniente Castillo y fue destinado a la 2ª Compañía de Especialidades, sita en el madrileño cuartel de Pontejos, en las traseras de la Dirección General de Seguridad de la Puerta del Sol, dónde coincidiría con varios compañeros de prisión que habían sido liberados gracias a la amnistía decretada por el nuevo gobierno. También se enroló en la UMRA (Unión Militar Republicana Antifascista), desde la que se encargó de instruir a las milicias de izquierdas participando de forma clandestina en el transporte y distribución de armas para las citadas milicias.

Su ingreso en la Guardia de Asalto coincidió con una oleada de atentados contra diversos cargos de la izquierda y con la detención y encarcelamiento de José Antonio Primo de Rivera como presunto instigador de éstos. Era el inicio de la Primavera Negra en Madrid, augurio de la guerra que se aproximaba y en la que izquierdas y derechas plasmaron en asesinatos selectivos los odios recíprocos que sentían. Las huelgas y manifestaciones, muchas de ellas espontáneas, se incrementaron de forma alarmante y solían terminar con altercados en los que se producían víctimas, que a su vez provocaban nuevos odios y venganzas en una espiral violenta ante la que el gobierno del Frente Popular se mostró impotente y carente de autoridad.

La unidad del teniente Castillo se había enfrentado muchas veces a actuaciones de orden público complicadas, pero no tanto como aquella del entierro del alférez Anastasio de los Reyes. La comitiva fúnebre había sido tiroteada y había tenido conflictos casi en cada metro de su recorrido. Los asistentes iban armados, unos por su condición de militar y otros portaban armas sin permiso ni licencia, como algunos miembros de la Falange y de partidos de la izquierda más radical. Además, la violencia y el sentimiento de odio a flor de piel presagiaban lo peor. Era una masa enardecida, violenta, fanatizada y encolerizada.

En la Plaza de Manuel Becerra coincidió el paso de un tranvía con la llegada de la cabeza de la manifestación. El conductor, al ver cómo algunos militares y falangistas saludaban brazo en alto al modo fascista, levantó el puño y gritó algo ininteligible. Enseguida tuvo respuesta del grupo de uniformados:

—*¡Comunista, hijo de puta!*
—*¡Vamos a por ese cabrón!*

El tranvía tuvo que parar, pues un grupo de aquellos manifestantes de extrema derecha se habían colocado delante, entre los raíles, impidiéndole el movimiento. Aporrearon la puerta con violencia inusitada. Los gritos de los usuarios de aquel transporte público eran histéricos, fruto de un nerviosismo colectivo. La cara del conductor se volvió en un instante de un color pálido intenso, orinándose materialmente en los pantalones. Deseó que se le tragara la tierra. Optó por dejar el puesto de conducción y tratar de salir por la puerta posterior, antes de que forzaran la puerta trasera los que le increpaban y amenazaban de muerte.

El teniente Castillo se percató de lo que pasaba. Decidió intervenir para salvar a aquel desdichado. Se acercó a la puerta delantera del tranvía adelantándose a sus hombres. De repente se vio rodeado y zarandeado. Se había introducido en el avispero como un bisoño e inexperto policía. En todos los protocolos de táctica policial de control de masas violentas se establecía que nunca un policía debía quedarse aislado en medio de una manifestación.

—*¡Coño! ¡Mirar quién está aquí! El rojo traidor de Castillo.*

*—¡Démosle su merecido a este cabrón!*

La llegada de sus hombres al lugar, provistos de defensas de goma, evitó que el teniente fuera linchado. Porrazos, carreras, empujones, patadas,... se repartieron a diestro y siniestro. Sonaron algunos disparos, inicialmente intimidatorios. Comenzaron a exhibirse armas cortas, que los manifestantes llevaban ocultas bajo sus chaquetas. Pronto los disparos fueron a bocajarro. Cayeron abatidos varios jóvenes. Uno de aquellos heridos por arma de fuego yacía inerte tras recibir un disparo de un guardia de asalto.

*—Ha caído Antonio Sáenz de Heredia, el primo de José Antonio Primo de Rivera.*
*¡Está muerto!*
*—¡Asesinos! ¡Asesinos! ¡Hijos de puta!*

El teniente Castillo, había perdido el control por completo. No dominaba la situación operativa policial ni a sus hombres y lo peor de todo es que no se controlaba a sí mismo. Estaba de pie nervioso, rodeado de manifestantes que él sabía que estaban armados, con su arma reglamentaria en la mano. Oía detonaciones por todas partes. Hizo varios disparos contra un joven, casi adolescente, que le increpaba con odio y con los ojos inyectados en sangre. Vio cómo se retorcía de dolor y caía a sus pies, manándole abundante sangre del pecho, bajo la chaqueta. Amigos del joven se abalanzaron sobre Castillo. Sus hombres actuaron con la rapidez y profesionalidad que caracterizaba a aquellas unidades antidisturbios. Lograron por segunda vez evitar el linchamiento de su jefe.

*—¡Castillo ha disparado a quemarropa a Luís Llaguno! ¡Lo ha matado!*
*—¿Quién es ese muchacho?*
*—Es Luis Llaguno Acha. Estudia conmigo en la facultad de medicina. Es de mi edad. Tiene 19 años.*

Unidades más numerosas de la Guardia de Asalto llegaron al lugar para reforzar el dispositivo. Hicieron uso de todo el material antidisturbios. Lanzaron gases lacrimógenos, hicieron disparos intimidatorios, empleándose a fondo para conseguir que los manifestantes acabaran de disolverse definitivamente en todas direcciones. Lo consiguieron con un esfuerzo inusitado. El balance de aquel fatídico entierro del alférez De los Reyes, seis muertos y treinta y dos heridos, once de ellos por herida de bala.

El Director General de Seguridad, José Alonso Mallol, estaba en su despacho de la Puerta del Sol. Esperaba a que el comandante de la Guardia de Asalto le diera novedades de lo acontecido aquella fatídica tarde. El ministro de la Gobernación y el mismo Presidente de la Republica le habían telefoneado desde el Congreso para que les informara con todo detalle de lo que había ocurrido en las calles principales de la capital de España.

El comandante Burillo, Jefe de la Guardia de Asalto del grupo de Madrid, llegó a la Dirección General de Seguridad bastante sofocado. Subió las escaleras a gran velocidad. Tenía mucha prisa. Venía directamente de la plaza de Manuel Becerra. Un policía de enlace le había entregado un informe detallado sobre los hechos ocurridos. Leyó rápidamente los dos folios mecanografiados mientras caminaba. En la puerta del despacho de su superior, una secretaria cuarentona le recibió con una media sonrisa que era más bien una mueca aprendida.

*—Pase usted comandante, Don José le está esperando.*

Llamó a la puerta y la abrió seguidamente antes de que le respondieran desde el interior.

*—Con su permiso, señor Director.*
*—Pase usted, comandante.*

No hubo prolegómenos, fueron ambos al grano.

*—Aquí le traigo un informe detallado de los sucesos.*

Le entregó los dos folios. El político dirigió su vista a la parte del escrito donde aparecía una relación de nombres y leyó en voz alta.

*—Muertos por heridas de bala: José Rangel, Julio Mir, Luis Rodríguez Vargas, de veintitrés años; Manuel Rodríguez Jiménez, de veintiocho años y Andrés Sáenz de Heredia Arteta, de veinticuatro años, estudiante y primo hermano de José Antonio Primo de Rivera.*

Aquí el Director General de Seguridad hizo una pausa y quedó pensativo unos instantes.

*—Esto nos va a traer cola. La situación es tremendamente grave, comandante. Tenga en alerta y acuartelada a su Unidad y pida los refuerzos necesarios a las Unidades de otras provincias. Se esperan días calientes.*

El comandante de Asalto asintió con la cabeza. El Director siguió leyendo.

*—Han resultado heridas durante los incidentes treinta y dos personas, siendo heridas por bala once de ellas: José Luis Llaguno Acha, de diecinueve años, estudiante de medicina; Gregorio Jiménez Duque, de veinticinco años y guardia conductor de seguridad; Emilio Cano Herrero, de cuarenta y siete años, empleado de Correos; Federico Bertoleno Roncali, de sesenta y siete años; Ignacio Marín Carrión, de veintiocho años; José Sáinz Ramírez, de cincuenta y ocho años; Gregorio Morales García, de diecisiete años; Jacinto Fernández, de treinta y un años, conductor de tranvías y Alfonso Pérez Cordero, de cincuenta años; Ignacio Mir Carnicer, de treinta años y Carmelo Herece Herrando, de cincuenta y cuatro años.*

*—Tengo que informarle, don José, que el estudiante de medicina que figura en primer lugar ha fallecido mientras venía yo para acá. El disparo lo hizo, según me dicen, el teniente Castillo al que usted conoce bien. Ahora está en mi despacho, esperando para declarar.*

*—¡No me jodas! No se pueden complicar más las cosas. Voy a llamar inmediatamente al Ministro para informarle.*

*—Aquí tengo también la relación de detenidos.*

El comandante le extendió un informe al director general que éste leyó en silencio:

"El número de detenciones practicadas hasta el momento se eleva a 175, en su mayoría individuos afiliados a asociaciones y sindicatos de extrema izquierda y derecha, y siendo la mayoría de los detenidos afiliados a Falange Española".

*—Con su permiso, y si no ordena nada más, me retiro. Le mantendré informado cuando hable con Castillo.*

*—¡Gracias Burillo y suerte! Porque nos va a hacer mucha falta.*

José del Castillo estaba consternado, abatido y con la mente embotada. Le parecía que en ese momento su vida era una película en la que él era un mero espectador. No creía lo que le estaba pasando. Había disparado y tal vez matado a un joven imberbe, casi un niño. Se sentía avergonzado ante sus hombres. Había perdido los nervios y eso en un profesional como él, curtido en mil batallas, era imperdonable. Por su mente pasó fugazmente la palabra "suicidio". Pero suicidarse sería un acto de cobardía y él no se sentía un cobarde. Además, le esperaba su joven novia con la que se iba casar el próximo 20 de mayo, sólo dentro de unos días. Sus hombres más próximos le animaban, trataban de consolarlo y restaban importancia al suceso, argumentando lo difícil de la situación.

Estaba sentado en un duro banco, en la antesala del despacho de su superior jerárquico. A ambos lados de él dos de sus hombres armados con sus fusiles máuser reglamentarios. Por un momento se sintió detenido como un malhechor. La llegada del comandante Burillo le tranquilizó. Era consciente de que aquel jefe le apreciaba. Era republicano convencido y masón como él. Al llegar a su altura, Castillo y los dos guardias de asalto que le flanqueaban se levantaron dando un sonoro taconazo, chocando los talones de las botas.

*—¡A sus órdenes mi comandante!*

*—¡Castillo, acompáñame a mi despacho!*

El teniente de gafas redondas, como era identificado entre los que no le conocían, siguió a su superior con cara de circunstancias. Se le veía con aire de preocupación. Caminaba como si volviera de una derrota militar, lejos de su porte marcial de otras veces. El comandante se dirigió al policía que le servía de secretario.

*—Antonio, ponte a la máquina de escribir, vamos a tomar declaración al teniente.*

*—¡A sus órdenes mi comandante!*

Tras unos cuarenta y cinco minutos, se abrieron las puertas de aquel despacho y Castillo salió algo más relajado.

Su superior le había tratado con comprensión, paternalmente, tranquilizando su espíritu de militar derrotado. Se despidió de sus hombres y se dirigió a su domicilio. Quisieron acompañarle, pero él les rogó que no lo hicieran, prefería caminar solo. No obstante le siguieron a distancia, sin que él se percatara, hasta su casa en la calle Augusto Figueroa, junto a la calle Fuencarral. A partir de ese momento el teniente Castillo era para sus enemigos militares, extremistas de derechas y falangistas, un cadáver viviente. Se había convertido en el número uno de los objetivos a eliminar.

*Capítulo 5*

# POLÍTICA Y ODIO

*Madrid, 16 y 17 de abril de 1936.*
*Tres meses y un día antes del inicio de la Guerra Civil*

A las cuatro y media de la tarde la mayoría de los diputados ocupaban los escaños en el Congreso, en la Carrera de San Jerónimo, ajenos a lo que estaba ocurriendo a solo unas decenas de metros de allí. Los periodistas, informados parcialmente sobre los sucesos, se habían apostado en la puerta del emblemático edificio junto a los leones de bronce esperando que algún diputado o miembro del gobierno rezagado hiciera alguna declaración.

El ministro de la Guerra, general Masquelet, bajó de su automóvil y se dispuso a subir las escaleras donde los reporteros esperaban ávidos de noticias. Se dirigieron todos hacia él como un solo hombre.

*—Señor Ministro, ¿Conoce usted los sucesos que han tenido lugar en la Castellana hace unos instantes con ocasión del entierro del alférez De los Reyes?*
*—Sí, según mis noticias se han producido graves disturbios y el balance es de al menos un muerto y varios heridos de bala. Pero, la información no es oficial. Ha sido un amigo el que me la ha contado por teléfono. Acabo de pasar por la Cibeles y he oído algunos disparos. Me ha extrañado encontrarme allí con el entierro, ya que se había ordenado que la comitiva fuera por la calle de Serrano.*

La llegada del diputado centrista Guerra del Río, del **Partido Radical, (14)** atrajo la atención de los periodistas.

*—Cuando pasé por la Cibeles, pude ver que un individuo que llevaba un paquete debajo del brazo, y al que acompañaban dos sujetos más, era identificado por la fuerza pública por considerársele sospechoso. Se le cacheó, y mientras esto se efectuaba, los guardias fueron agredidos. Entonces los de Asalto dispararon contra los manifestantes y estos respondieron con sus armas de fuego, originándose un intenso tiroteo.*

El diputado socialista Álvarez Angulo conducía su automóvil por la calle de Serrano. A la altura del periódico ABC vio a un grupo de muchachos que corrían perseguidos por unos falangistas, alejándose del cortejo fúnebre. Sonaron varios disparos efectuados por los que perseguían a los jóvenes. Extrajo el arma que llevaba oculta bajo su chaqueta por si tenía que emplearla en aquel tiroteo para defender su vida o la de una tercera persona. Dos guardias de asalto le encañonaron obligándole a dejar la pistola en el suelo y levantar los brazos. Uno de aquellos agentes le reconoció. Le aconsejaron que se dirigiera al Congreso por una de las calles adyacentes. No le cachearon. Antes de marcharse vio como las autoridades que presidían el entierro estaban rodeadas por guardias civiles que, armas en la mano, les protegían. Sin perder tiempo se alejó del lugar hacia la Carrera de San Jerónimo.

Gil Robles, líder indiscutible de la derecha moderada, era el diputado más esperado por aquella nube de periodistas. Llegó algo más tarde que los demás, porque venía directamente del entierro.

*—Señor Gil Robles, ¿Conoce usted los sucesos ocurridos durante el entierro de esta tarde?*
*—He sido testigo presencial de todo, porque he asistido al entierro como un ciudadano más. Según pude observar, los disparos partieron, primero de una casa de la calle de Ricardo Calvo, y entonces la fuerza pública contestó disparando al aire. Luego a lo largo del recorrido las agresiones con armas de fuego han sido constantes.*
*—Corre el rumor que ha sido usted felicitado por muchas personas que vieron que mientras otros se escondían y se lanzaban al suelo, usted permanecía de pie impasible durante el tiroteo.*
*—Estoy tan acostumbrado a que me tiroteen que ya estoy familiarizado con los disparos y ya no me causan ninguna impresión.*

Esta última frase la pronunció en un tono burlón, lo que provocó la sonrisa de más de uno de aquellos profesionales de la pluma.

No lejos de allí, el **Presidente Azaña (15)** fue informado telefónicamente por el Ministro de la Gobernación, Amós Salvador Carreras, de los aciagos sucesos ocurridos con ocasión del entierro del alférez De los Reyes. Pormenorizadamente le relató los hechos, número y filiación de muertos y heridos, detenciones practicadas, afiliación política de los detenidos y reacciones de los distintos partidos en relación a los hechos. La casi totalidad de los detenidos formaban a parte o simpatizaban con partidos conservadores, monárquicos, falangistas y tradicionalistas, además de guardias civiles y militares todos de ideología derechista.

*—Y algo importante, señor presidente: varias balas de los de Asalto acabaron impactando en las fachadas de las embajadas de Hungría y Checoslovaquia.*
*—Ordenaré al Ministro de Exteriores que se encargue, en nombre de mi gobierno, de visitar al Embajador de Checoslovaquia y al encargado de Negocios de Hungría y les transmita cuánto lamentamos el incidente.*

El Presidente escuchó con atención las palabras del ministro, tomando algunas notas recordatorias. Estuvo muy frío en el trato con su subordinado y colgó el teléfono tras despedirse de manera escueta y gélida. Luego, casi inmediatamente, se dirigió a su secretaria:

*—María, ponme con* ***Casares Quiroga. (16)***

Unos segundos después, Santiago Casares Quiroga, amigo personal de Azaña y político de Izquierda Republicana, estaba al otro lado de la línea telefónica.

*—Santiago, acabo de tomar la decisión de cesar a Amós Salvador. No ha sabido controlar la situación.*
*Cuento contigo para el puesto. Tú conoces bien ese ministerio. ¿Cuánto tiempo estuviste de Ministro de Gobernación?*
*—Desde el 14 de octubre de 1931 al 12 de septiembre de 1933. Dos años menos un mes exactamente.*
*—Pues deberás volver, te lo pido como amigo y como presidente.*
*—Esto no estaba entre mis planes, pero sabes que siempre puedes contar conmigo.*
*—Mañana haré público tu nombramiento.*

En una sala contigua al despacho del presidente Azaña esperaban representantes de la Junta Administrativa de la Casa del Pueblo de Madrid, de la Agrupación Socialista Madrileña, del Partido Comunista y del Comité Local de Unificación de Juventudes. Todos aquellos hombres pertenecían a organizaciones obreras de partidos que apoyaban al gobierno del Frente Popular y que Azaña presidía.

El presidente salió personalmente a recibirles a la antesala y les hizo pasar a su despacho. Saludó uno a uno con una sonrisa de circunstancias. Aquellas personas representaban a la clase obrera madrileña y revolucionaria, con lo que él no se identificaba.

*—Tengo que expresaros mi profunda indignación por los sucesos ocurridos esta tarde. Es una provocación fascista más de las que se están produciendo en los últimos días. El gobierno que presido tomará medidas drásticas inmediatamente contra los alborotadores, enemigos de la República y de la clase obrera.*
*—Nosotros, por nuestra parte apoyaremos y vigilaremos que se cumplan las medidas que se adopten en contra de este terrorismo fascista. Si fuera necesario actuaremos con contundencia si las circunstancias lo requieren. No vamos a quedarnos de brazos cruzados ante los ataques reaccionarios.*

Azaña sintió aquellas palabras como una amenaza. Acompañó a sus interlocutores hasta la escalera y los despidió más fríamente que los había recibido. Regresó a su despacho enfrascándose en sus pensamientos. Era consciente de su debilidad política. Los socialistas se habían negado a formar parte de su Gobierno, a pesar de ser el partido con más escaños en el Parlamento. Las divisiones internas entre la facción socialdemócrata de **Indalecio Prieto (17)** y el ala dura revolucionaria de **Largo Caballero, (18))** el Lenin español, no permitió que los socialistas ocuparon ningún sillón ministerial.
Verbalizó lo que le rondaba hacía días en su cabeza.

*—Tengo que dejar de ser Presidente de este Gobierno y ser Presidente de la República.*

Aquella frase fue como la premonición de una gitana que le hubiera leído en sus manos el futuro. Un mes después, dejaba la Presidencia del Gobierno y era nombrado Presidente de la República Española, permaneciendo en el puesto los tres largos años de la Guerra Civil.
Al día siguiente, fue aprobado un proyecto de ley, en las Cortes Generales, que fijaba severas sanciones para los militares que apoyasen organizaciones consideradas sediciosas. El teniente coronel Florentino González Vallés, clave en la organización de la comitiva y superior directo de Anastasio de los Reyes, y otros nueve oficiales fueron declarados en disponibilidad forzosa y relevados

por tanto de sus destinos. La medida afectó a los comandantes Marcelino Muñoz Lozano, Eduardo Nofuentes Montoro, Rodrigo Pareja Aycuéns y Emiliano López Montijano; y a los capitanes José Argelés Escrich, Jesús Cejudo Belmonte, Rafael Bueno Bueno, Antonio Jover Bedia y Luis Maroto González.

No se abrió investigación alguna por la actuación del teniente José del Castillo que había mandado disolver la manifestación con el uso de munición real. La reacción tibia del gobierno del Frente Popular ante unos hechos tan graves creó un malestar inmenso en las fuerzas de derecha, en los militares y en las fuerzas del orden. El sentimiento de haber sufrido una injusticia hizo que se disparara un deseo de revanchismo intenso que presagiaba un futuro de sangre y muerte. A partir de ese momento guardias civiles, miembros de partidos de derecha radical y falangistas compartirían trinchera política. Azaña prometió el día de su toma de posesión como presidente del consejo de ministros "un gobierno para todos", sin embargo los ciudadanos más conservadores percibieron que no estaba cumpliendo con su palabra. Estaba actuando con mano dura sólo contra una parte de la sociedad española. En la sesión parlamentaria sentenció:

*—Todo lo que ha ocurrido esta tarde ha sido obra del fascismo más peligroso.*

El recién nombrado ministro de gobernación, Casares Quiroga, ordenó que se decretase la disolución de las organizaciones de militares retirados. Éstos habían acudido mayoritariamente a aquel entierro y habían participado en los altercados más graves.

Quedaba meridianamente claro que el gobierno no tomaría medidas contra la izquierda radical que podría actuar impunemente desde aquel momento contra sus adversarios políticos. Los enemigos del gobierno del Frente Popular se convencieron de que estaban más seguros alzándose contra el orden constituido que a merced de los actos de la izquierda radical. La Guerra Civil empezaba a ser vislumbraba por aquellos hombres como una solución, la peor y más dolorosa de las salidas.

CADENA DE ASESINATOS
MADRID

# TENIENTE DE LA GUARDIA DE ASALTO JOSÉ DEL CASTILLO

*Capítulo 6*

# POLICÍA ANTIDISTURBIOS MODERNA

*Madrid, mayo de 1936.*

A las ocho de la mañana, tres camionetas de la Guardia de Asalto muy próximas unas a otras circulan por la calle Mayor de Madrid.

Al menos sesenta efectivos del Cuerpo viajaban en aquellos vehículos. Los escasos transeúntes de la Puerta del Sol miraban inquietos. En sus mentes flotaba la misma pregunta: ¿Qué habría pasado? Un barrendero respondió a la pregunta sin que nadie se dirigiera a él.

*—Ya van los de asalto a hacer "ginasia" a la Casa de Campo.*

*—"Pos" mucha falta no les hace "pa" ponerse fuertes. Porque vaya pedazos de tíos. El más bajo mide casi dos metros y tienen los brazos como mi pierna.*

La periodista Josefina Carabias llegó al cuartel de Pontejos cuando el reloj de la Puerta del Sol daba las campanadas de las nueve de la mañana. Pretendía realizar un reportaje sobre la Guardia de Asalto, un Cuerpo de nueva creación y muy admirado por los ciudadanos.

El comandante Anguiano, jefe de la Unidad, la recibió en su despacho, estaba acompañado por el teniente Castillo.

El comandante estaba bastante ocupado aquella mañana y le pidió a su subordinado que acompañara a la periodista y atendiera a todas sus preguntas y requerimientos. En unos minutos estaban recorriendo las dependencias policiales. El teniente daba todo tipo de explicaciones sin esperar la pregunta de la joven periodista.

*—Tenemos una compañía de unos cien hombres acuartelada las veinticuatro horas del día. Se movilizan en cuestión de minutos ante cualquier problema de orden público que se produzca en Madrid. Vivimos tiempos convulsos.*

Accedieron a una nave donde se alineaban al menos ciento cincuenta catres que parecían algo incómodos.

*—Aquí duermen, mejor dicho descansan, los policías que están de servicio por la noche. Son algo pequeñas las camas, pero es que se hicieron para personas de talla normal y nuestros hombres miden todos más de un metro ochenta. Estamos en vías de solucionarlo...*
*Éste es el botiquín de urgencias. Hay un médico de guardia por compañía. En caso necesario se les practica aquí una cura de urgencia. Cuando salen de servicio para actuar ante un problema de orden público de cierta gravedad, el médico les acompaña.*
*—¿En la misma camioneta?*
*—Por ahora sí, aunque está previsto dotar a cada compañía de un vehículo ligero donde iría el capitán de la compañía y el médico.*

En el patio del cuartel varios oficiales se disponían a subir a una camioneta para trasladarse a la Casa de Campo, donde ya se encontraban sus subordinados. El teniente y la periodista subieron a un automóvil y siguieron al vehículo donde iban los jefes de las unidades.

En la explanada de instrucción los guardias se movían a gran velocidad ejecutando las órdenes de sus mandos. Había un gran contraste entre los policías sin graduación y aquellos que les mandaban. A éstos se les veía bajitos, como a niños disfrazados de uniforme. Los policías, verdaderos gigantes, obedecían las órdenes con rapidez y al unísono como un solo hombre. Sonaban silbatos en tono agudo y desagradable. Tras cada orden seguía una pitada, más de cien guardias de estatura imponente ejecutaban con una rapidez vertiginosa las órdenes que recibían así de su capitán. Piiiii...seguido de una pausa. Y después la voz ronca y enérgica del jefe militar:

*—¡A los camiones!*

Una pitada aún más fuerte que la anterior ponía en movimiento a todos aquellos hombres. En solo unos segundos estaban a bordo de los vehículos, en sus puestos. Piiii... Pausa.

*—¡A tierra!*

Piii...

Como un solo hombre saltaban de los camiones y corrían para desplegar delante de los vehículos, formando varias líneas perfectas. Apoyaban la mano derecha sobre el lado izquierdo del cinturón, donde portanban «la defensa de goma», lo que en términos de lenguaje coloquial es conocida como "porra". El oficial impartía una nueva orden:

—*¡Defensa en la mano! ¡Cargar!*

Aquellos altísimos guardias en bloque y en perfecta formación corrían hacia el lugar donde estaba la periodista y el teniente presenciando el espectáculo. La mujer se estremeció a pesar de que sabía que aquello se trataba de un ejercicio táctico y que su integridad física no corría ningún peligro. El teniente Castillo miró por el rabillo del ojo a su acompañante y se percató de su cara de susto.

—*¿Qué tal?*

—*Magnífico, pero impresiona un poco.*

Terminado el primer ejercicio de entrenamiento, se dieron unos minutos de descanso. La periodista aprovechó para charlar con aquellos apuestos guardias que se mostraron galantes y serviciales, en todo momento. Muchos de ellos eran como niños grandes. Se fijó en un guardia, uno de los más altos. Mediría más de dos metros. Su sonrisa era la de un chico bonachón. Se dirigió a él para preguntarle algo. El joven cabo miró desde arriba y comprobó que la comunicación no sería cómoda si no se sentaba en una piedra para quedar a la altura de su interlocutora.

—*Me ha impresionado la actuación. Los manifestantes temblarán con vuestra presencia. Imponéis de verdad.*

—*No es para tanto. Como mucho se llevan algún golpecillo con las defensas.*

—*Pero un golpecillo suyo..., con esos brazos...*

—*Siempre será mejor que un balazo ¿no?*

—*Impone verles avanzar a la carrera con la porra en la mano.*

—*Lo sabemos. Y esa es un arma psicológica que tenemos. Hace unos meses estuvimos en Sevilla. Hubo un disturbio importante, llegamos, desplegamos y solo nuestra presencia hizo que los alborotadores, enemigos de la República, abandonaran la zona para refugiarse donde buenamente podían.*

Intervino un policía andaluz, algo exagerado, que escuchaba atento a su superior jerárquico, jefe de su escuadra:

*—«Jozú»… en Sevilla, los hubo que "ze" tiraron de cabeza al "Guadalquiví" y todavía están nadando.*
*—¿Sabe usted quienes nos tienen menos miedo?… «Pos» las mujeres, porque saben que nos cuesta darles con la defensa. Aunque yo…*

La periodista sonrió ante el razonamiento pueril de su subordinado y compañero y comentó:

*— ¡Estas son cosas de éste!, que cada vez que se acerca a una jovencita recibe calabazas. Una le dijo, una vez, que ella no podía ser novia de la Giralda de Sevilla vestida de uniforme En otra ocasión una paisana mía de Badajoz, al verlo tan grande, le dijo que solo le faltaba ponerse un letrerito que dijera "Gas en cada piso".*

El silbato de un oficial puso fin a la conversación. Todos se dirigieron a una sombra bajo los árboles para recibir una clase teórica. Cuando todos estaban acomodados, el capitán pidió silencio y comenzó su charla diaria, permaneciendo todo el tiempo de pie. Cada día un oficial impartía una conferencia sobre temas variados relacionados con el servicio policial. La periodista no prestaba demasiada atención y se dirigió al teniente.

*—¿De dónde proceden la mayoría de estos muchachos?*
*—Hay muchos gallegos, son los más numerosos en la última convocatoria. Castellanos y aragoneses también hay bastantes. Andaluces, pocos, extremeños algunos. También de aquí de Madrid hay un buen número.*
*—¿Qué edad se exige para ser Guardia de Asalto?*
*—Para ingresar deben tener de veinticinco a veintinueve años. El Cuerpo queremos que esté compuesto por personal joven. Cuando pase el tiempo, cesarán en las unidades de asalto e irán pasando a prestar servicio como guardias de Seguridad.*
*—¿Qué es lo que exigen para ingresar, además de edad, estatura y forma física?*
*—Pues verá usted. Primero, un examen breve de lo que pudiéramos llamar cultura general. Hay muchos a los que esto no les hace falta, porque*

*saben más de lo que se exige, que son las cuatro reglas, leer, escribir y no sé si algo más. Digo que no les hace falta a algunos, porque entre ellos hay varios estudiantes de carrera y un considerable número de bachilleres. Luego, el ejercicio práctico; este es el más importante, y ya le explicará el profesor de Gimnasia en qué consiste. Desde luego, a lo que más se atiende es a las cualidades físicas del individuo. Puede darse el caso de que se presente un joven alto, robusto y de valor acreditado que haga maravillosamente las pruebas prácticas, pero que no conteste a las preguntas de cultura general. En este caso no vamos a privarnos de un magnífico guardia porque no sepa hacer una cuenta de dividir. Ya tendrá tiempo de aprenderlo.*

Tras la charla teórica, las camionetas estaban ya preparadas para regresar al acuartelamiento. A la orden del capitán los guardias se dirigieron ordenadamente a ocupar sus puestos en los vehículos policiales.

*—Ahora iremos a Carabanchel para ver el entrenamiento de los que conocemos como los "sin vestir". Son los recién ingresados, que todavía no han empezado a prestar servicio y ni siquiera tienen uniforme.*

Al llegar a una explanada de un descampado del barrio un grupo de no menos de ciento cincuenta hombres enormes, en pantalón de deporte, se adiestraban golpeando con sus defensas de goma unos sacos de serrín.

Una mujer estaba instalando un puesto de bocadillos ayudada por un niño de unos once o doce años. El chico miraba entusiasmado a los guardias de asalto. Un ligero golpe en la nuca le devolvió a la realidad:

*—¡Está a lo que tienes que estar! Y échame una mano.*
*—Madre, yo quiero ser guardia de asalto.*

Un grupo de guardias, veinte o veinticinco, hacían gimnasia, y más allá, otro grupo avanzaba a paso ligero, mientras cantaban, con toda la fuerza de sus pulmones una canción.

*—Mi jaca galopa y corta el viento cuando pasa por el puerto caminito de Jerez…*

Tras varios toques de silbato, todos se concentraron, sentándose y formado un gran círculo. Dos hombres con guantes de boxeo ocupaban el centro dispuestos a iniciar un combate. Un sargento hacía de árbitro.

*—¿Estos quiénes son?*
*—Son guardias. Han ingresado en la última convocatoria.*
*—Pero esas caras..., esas espaldas...*
*—Es que, además, son boxeadores profesionales; pero se conoce que, mientras les llega la hora del triunfo, han querido proporcionarse un oficio seguro. De este modo ganan su vida y no pierden facultades. De vez en cuando los contratan. Algunos domingos han pedido permiso al comandante porque tenían que boxear en público, y, naturalmente, les ha sido concedido.*

El combate comenzó y los dos hombres se golpearon como si en ello les fuera la vida. Al terminar, los espectadores aplaudieron frenéticamente, y los dos, por igual, eran felicitados con entusiasmo. El capitán, profesor, miró su reloj y comprobó que era la hora de finalizar la jornada y dio la orden de vestirse y marchar cada uno a su domicilio. Aquellos jóvenes llevaban allí desde las siete de la mañana, todos, sin excepción, sentían en el estómago un cosquilleo molesto, y, con objeto de reponer fuerzas, se lanzaron sobre el puesto de bocadillos con tanta energía como sobre un grupo subversivo.

*—A mí, tres de jamón...*
*—Aquí, cuatro de chorizo...*

La mujer se hace un lío y no sabe cómo atender a tantos hombres hambrientos.

*—Ya no quedan más. Anda, chico, vete a por otro cesto.*
*—¿Qué?, ¿tienen buen apetito los guardias?*
*—Fíjese usted, con lo grandes que son, y los tienen toda la mañana haciendo «ginasia»... Mire usted, hace un minuto tenía en el puesto sesenta bocadillos y ya no me queda ninguno.*

De vuelta, camino de Madrid, el teniente se dirigió a la joven periodista con el orgullo de un padre bonachón:

*—¿Qué le han parecido «nuestros chicos»?*

*—Magníficos.*

*—Los guardias de Asalto —dice el ministro de la Gobernación- constituyen la vanguardia del Cuerpo de Seguridad, y es una fuerza exclusivamente de choque. De ahí que se tienda a evitar que actúen individualmente y ni siquiera por parejas, sino siempre en pelotón, tan numeroso como lo exijan las circunstancias.*

*—¿Cuál es su finalidad principal?*

*—Evitar las represiones sangrientas. Antes, y a consecuencia del armamento de que están dotados los Cuerpos de Seguridad y Guardia Civil, se producían con frecuencia choques contra la fuerza pública de los que resultaban desgracias irreparables, que, de ordinario, no guardaban relación con el motivo que las provocaba. Con la llegada de la República, ésta se encontró con que no disponía de un Cuerpo apto para reprimir los desórdenes que lógicamente habrían de producirse, y como en modo alguno queríamos llevar la represión más allá de sus justos límites, se creó el Cuerpo de Asalto como ensayo, que, afortunadamente, ha dado los resultados más satisfactorios que pudieran soñarse. En todas partes donde han actuado han conseguido cumplir su misión sin que tuviera que intervenir otra clase de fuerzas. Muchas veces, y en aquellos lugares a los que ahora se les llama puntos neurálgicos, ha bastado la sola presencia de los guardias para que se disolviera cualquier intento de manifestación o conato de rebeldía.*

*—Entonces, el Gobierno, y particularmente usted, ¿están satisfechos de este Cuerpo?*

*Yo, por mi parte, no solo estoy satisfecho, sino, y permítame esta palabra, estoy archisatisfechísimo, hasta el punto de haber aumentado considerablemente el número de guardias, porque creo que esta fuerza está llamada a evitar muchos disgustos a la República y a los mismos alborotadores.*

*—¿Y no teme usted que estas represiones incruentas resulten poco intimidatorias?*

*—Al contrario. Y la prueba es que la gente corre más cuando ve a los de Asalto que cuando ve a la Guardia Civil. Y es natural. Los tiros, suponiendo que los haya, y no los hay no tratándose de un caso grave, solo alcanzan a muy pocos afortunadamente, mientras que un golpe o una bofetada de estos atletas, se la encuentra quien menos lo piensa. Por muy antirrepublicanos que sean los alborotadores, en general, temen bastante a la paliza,*

*aunque sepan que después no les pasa nada. Más, mucho más que a los tiros, créame usted. Claro que también llevan pistolas para el caso de que fuera necesario emplearlas, y hasta se les ha dotado de mosquetones; pero, hasta ahora, se van defendiendo sin tener que emplear estas armas. Les sobra con «la defensa» y la fuerza que tienen.*

*—Se dice que van a emplear el agua, como en otros países, para disolver manifestaciones.*

*—Sí. Dentro de muy poco se les dotará de unos tanques con una torreta, que lanza un chorro de agua a dieciocho atmósferas. De este modo no será necesario ni siquiera que se acerquen al lugar del suceso. El tanque lleva además, en la parte inferior, una cortina de agua, que impide la aglomeración de gente a su alrededor.*

*—¿Cuántos guardias hay ahora?*

*—En el nuevo presupuesto hay dotación para dos mil quinientos. Aún no prestan todos ellos servicio. Tenemos veinte compañías repartidas por los puntos estratégicos de España.*

*—¿Cuáles son estos?*

*—Aquellos desde donde es más fácil la distribuir a los guardias en un momento dado.*

*—¿Y no piensan aumentar el número?*

*—Por ahora no es posible. Ya veremos cuando se confeccione el nuevo presupuesto; pero yo creo que con dos mil quinientos hombres de ese tamaño ya se pueden reprimir desórdenes. ¿No cree? Además, disponen de medios de locomoción muy rápidos, que les permiten desplazarse cómodamente. Dentro de poco llegarán sesenta camiones nuevos y algunos coches ligeros. Disponen también de motos de enlace. En fin, que no les falta nada para poder equipararse con unidades de este tipo que ya existen en otros países.*

*—Ahora señorita, discúlpeme, tengo que entrar de servicio esta tarde y he de comer antes. Espero que esta visita haya sido productiva para usted y transmita a los lectores de su periódico su experiencia con nosotros.*

*—Así lo haré. Muchas gracias por su amabilidad.*

*(Este capítulo está inspirado en la entrevista publicada por la periodista Josefina Carabias en la Revista Estampa el 9 de julio de 1932.)*

## *Capítulo 7*

# VIVIR CON LA AMENAZA

*Madrid, mayo de 1936.*
*Dos meses antes de la Guerra Civil.*

El teniente Castillo regresó a su domicilio a la hora de comer. En el trayecto desde el cuartel de Pontejos hasta su casa hizo varias paradas. Siempre hacía el camino a pie. Tenía la suerte de vivir a solo diez minutos de su lugar de trabajo. Desde los sucesos del entierro de De los Reyes adoptaba algunas medidas de seguridad y autoprotección. Sabía que sus enemigos políticos le habían sentenciado a muerte. En aquellos días en Madrid los pistoleros, de izquierdas y de derechas, abundaban y se movían con facilidad por las calles de la capital. ¿Quién no tenía una pistola o un revolver? Cambiaba cada día de itinerario al azar, andaba y desandaba su camino para detectar si alguien le seguía. Siempre llevaba su pistola a mano, sin seguro y montada con un proyectil en la recamara, para hacer fuego con la mayor rapidez posible. Se paraba delante de las tiendas, de cuando en cuando, para observar a través de los escaparates a modo de espejo y comprobar si alguien le vigilaba. Su seguridad se estaba convirtiendo en una obsesión.

Cuando llegó a su calle observó las inmediaciones de su domicilio. Nada extraño. Todo era normal en el ambiente. Se acercó a su portal y entró. Respiró profundamente y se dispuso a subir las escaleras con rapidez. Llegó algo fatigado al tercer piso, donde vivía. Cuando abrió la puerta vio una hoja de papel que alguien había introducido por debajo de la misma. Estaba solo y la leyó en voz alta:

—*¡Rojo, cabrón! Te quedan pocos días de vida. Eres un cobarde que solo eres capaz de disparar contra los niños. ¡Sabemos dónde vives¡¡Estás muerto!*

No era el primer anónimo amenazante que recibía. Pero nunca habían llegado hasta su casa. Arrugó aquel papel con rabia y musito una frase de odio e impotencia:

—*¡Fascistas, hijos de puta!*

Pensó que no debió haber rechazado la propuesta que le hicieron sus superiores de trasladarse a Barcelona. Comió sin apetito y después de recoger y lavar los platos se sentó en su sillón favorito. Puso la radio. Sintonizó una emisora en la que emitían música. La copla era su género preferido. Estrellita Castro interpretaba "Ojos Verdes". Con el sopor de la digestión se quedó dormido unos minutos con la música de fondo:

*—Ojos verdes, verdes como la albahaca. Verde como el trigo verde y el verde, verde limón...*

Tras la ligera siesta, se lavó la cara para despejarse, se peinó ante el espejo y se dispuso a salir, no sin antes observar por la mirilla y escuchar tras de la puerta por si alguien le esperase en la rellano de la escalera con la intención de atentar contra su vida. Cogió su pistola, introdujo el cargador y montó el arma para alojar un cartucho en la recámara. Miró desde el balcón para inspeccionar la calle y salió. Cogió el tranvía para dirigirse a Canillas donde como cada tarde le esperaban un grupo de jóvenes milicianos a los que entrenaba en tácticas militares y de guerrilla urbana. Hoy les impartiría una clase teórica de tiro y luego prácticas con fuego real. Era necesario formar a aquellos jóvenes socialistas para organizarse y poder protegerse y a la vez defender a la República de los pistoleros fascistas de la Falange.

Cuando el sol abandonaba el horizonte dieron por concluida la sesión y Castillo se despidió hasta el día siguiente de aquellos muchachos. La jornada había sido productiva. Se encaminó a la parada del tranvía. Se disponía a ir a casa de su prometida. Consuelo le estaba esperando como todas las tardes de los últimos meses para salir y dar un paseo por el centro de Madrid. Cada vez iban a un sitio distinto, sobre todo después de los sucesos del entierro de De los Reyes. Una tarde paseaban por la zona de la Puerta del Sol, otras por el Retiro, por la Plaza de España o por la plaza de Colón y la calle Serrano.

Dos de los jóvenes a los que instruía le seguían a distancia, sin que él en unos primeros momentos se percatara de ello. Tenían órdenes de sus jefes políticos de dar protección a su teniente instructor. Todos sabían que estaba seriamente amenazado por los fascistas que en cualquier momento podían cumplir sus amenazas de muerte. Los dos chicos, armados con las pistolas con las que habían practicado minutos antes, eran unos excelentes tiradores, de los mejores del grupo. Castillo bajó del tranvía en Callao, donde había quedado con su novia. Observó por el rabillo del ojo que le seguían. Reconoció a uno de los chicos. Dobló la esquina y se escondió en la entrada del primer portal que encontró. Cuando los dos perseguidores llegaron a su altura, salió a la calle sorprendiéndoles.

*—Buenas noches, camaradas. ¿Qué hacéis por aquí?*
*—Dando una vuelta por el centro.*
*—Sé cuidarme yo solo. Os agradezco vuestro interés en protegerme, pero no es necesario. Hacen falta muchos cojones para atentar contra mí y esos fascistas meapilas no los tienen.*
*Venga, iros para casa. Mañana nos vemos.*

Los jóvenes milicianos obedecieron a regañadientes y se despidieron de su instructor con respeto, acatando disciplinariamente su orden.

Días después, a finales de abril, el teniente Castillo era destinado como jefe de la escolta del flamante e interino Presidente de la República Diego Martínez Barrio. Con esta medida sus superiores pretendían apartarlo temporalmente del clima de amenazas que estaba viviendo en Madrid. Como oficial de la Guardia de Asalto y militar estaba acostumbrado a cumplir las órdenes, aunque no estuviera entusiasmado con las mismas.

Su primer servicio, en el nuevo puesto de trabajo, fue preparar la seguridad en la visita que iba a realizar el Presidente de la República dos días después a la Feria de Sevilla.

El domingo 19 de abril de 1936 lucía un sol sin intermitencias en la ciudad del Guadalquivir. El teniente Castillo llegó a la ciudad bien de mañana. Le recibió un día primaveral. Visitó el Real de la Feria a media mañana. En la mayoría de las casetas se afanaban por limpiar y retocar los adornos para que por la tarde todo luciera resplandeciente. El paseo de coches de caballos estaba muy concurrido. Lindas muchachas ataviadas con trajes de flamenca paseaban felices por el ferial. Visitó la caseta de Unión Republicana, donde estaba prevista la recepción de su protegido. Habló con los encargados y se interesó por la filiación de los camareros y personal laboral de la caseta y por su afiliación política. Luego se marchó al hotel donde descansó antes del almuerzo en uno de los salones nobles. Tomó un periódico y leyó:

*—"Un viajero ilustre". "Se encuentra en Sevilla, donde se propone pasar la Feria, el rajá indio Apapam-de-Aundh, acompañado de sus hijos. El príncipe realiza un viaje por Europa y se muestra encantado en nuestro país."*

Y continuó leyendo:

*—"Se prorroga la Feria hasta el miércoles". "El alcalde, señor Hermoso Araujo, declaró anoche que con motivo de la visita de S.E. el presidente de la República don Diego Martínez Barrio, que llegará a nuestra ciudad el martes, se ha acordado por la Corporación Municipal prorrogar la Feria hasta el miércoles, día 22."*

El martes, día 21 de abril, a los ocho y treinta y cinco minutos llegaba a la estación de Sevilla el tren expreso procedente de Madrid. El tercer vagón era un coche-cama de Obras Públicas. De él descendieron el Presidente de la República y el Presidente de la Generalidad de Cataluña, don Luís Companys, que acompañaba al primer dignatario español en este viaje oficial. En el andén les esperaban todas las autoridades locales y regionales; civiles, militares y eclesiásticas. El alcalde de Sevilla fue el primero en saludar a tan ilustres visitantes. Una compañía del regimiento de Infantería número 9, con bandera y música, rindió honores al Presidente. Alrededor de Martínez Barrio se estableció una cápsula de seguridad y protección, formada por policías de paisano, bajo la responsabilidad del teniente Castillo. Fuera de la estación, en la Plaza de París, numeroso público esperaba la llegada de las personalidades. Habían llegado en camiones desde los pueblos de la provincia. Enarbolaban banderas republicanas y pancartas con las que se le daba la bienvenida al Presidente. Subieron a varios carruajes Landau tirados por briosos corceles y se dirigieron al hotel Madrid. Luego tuvo lugar una recepción en el ayuntamiento hispalense. El alcalde se dirigió a los presentes con un discurso:

*—Cataluña y Andalucía funden sus afectos en el amor a la República.*

Las palabras del presidente de la Generalidad, señor Companys siguieron a las del alcalde de la ciudad:

*—Mi mayor gratitud por las palabras del alcalde y el recibimiento del pueblo sevillano. El acto de hoy desvanece las suspicacias entre Andalucía y Cataluña. Debemos engrandecer las riquezas raciales, en bien de la República.*

Finalmente el presidente de la República, señor Martínez Barrio se dirigió al público en tono emocionado:

*—Esta ciudad me vio nacer y aquí quiero reposar cuando llegue mi hora. Soy el mismo que ocupé uno de estos escaños municipales hace unos años. Solo me queda agradecer vuestra emocionante acogida. Un abrazo a todos, y ¡Viva la República!*

Tras la recepción la comitiva se dirigió del Ayuntamiento a la Feria. Llegaron a la caseta de la Unión Republicana donde fueron recibidos con un vino de manzanilla bien frío y un baile por sevillanas. La gente vitoreaba, saludaba, aplaudía. Los escoltas tuvieron fácil su trabajo. Ningún incidente, ningún improperio. La tarde terminó en la Nueva Venta de Antequera donde se había servido un almuerzo oficial, ofrecido por la Diputación Provincial.

A Castillo aquella nueva responsabilidad no le gustaba. Se sentía un lacayo. Él soportaba mal las recepciones oficiales, los discursos, las líneas de recibimiento y el protocolo. Era un hombre de acción y echaba de menos Madrid y a su prometida. Pensó solicitar el reintegro a su antiguo puesto en la sección de especialidades de la Guardia de Asalto y así lo haría al regresar a la capital.

En el viaje de regreso a Madrid tuvo la ocasión de intercambiar unas palabras con el Presidente.

*—¿Qué tal Castillo? Me alegré cuando te propusieron como jefe de mi escolta personal.*
*—Gracias señor Presidente, pero no me veo en este puesto. Creo que en Madrid sería más útil a la República y al gobierno. Yo no pedí este destino. Me lo impusieron para protegerme. Mi deseo, don Diego, sería volver a mi puesto de trabajo anterior. Creo que sé cuidar de mí mismo. Además las juventudes socialistas me necesitan como instructor.*
*—Todos los fascistas de Madrid y de España quieren venganza y tú eres su objetivo. No creo que sea sensato ponerte en riesgo. Pero si tú deseas volver a tú anterior destino, hablaré con el ministro...*
*—Muchas gracias, señor Presidente.*

Pocos días después, el teniente Castillo era recibido en el Cuartel de Pontejos por sus compañeros, haciéndose cargo del mando de una sección de la Guardia de Asalto. De nuevo volvió a su rutina habitual: servicios de orden público, entrenamiento a las milicias socialistas, paseos con Consuelo, su prometida, tertulias en la Casa del Pueblo,...

La rutina de su vida quedó interrumpida el día 8 de mayo. Aquel iba a ser un día muy duro para el teniente de Asalto. La noticia del asesinato de su amigo el capitán **Carlos Faraudo (19)**, al parecer por pistoleros falangistas, le rompió el corazón en pedazos.

Había oído rumores de que existía una lista confeccionada por miembros de la **Unión Militar Española (UME) (20)** de militares socialistas a los que había que eliminar. El primero de la supuesta lista era el capitán Faraudo, el segundo él, el tercero el capitán de artillería Urbano Orad de la Torre, que había sido compañero de Faraudo en la Unión Militar Republicana Antifascista (UMRA).

Castillo estaba convencido de que el atentado no había sido obra de Falange, sino de la UME.

Varios miembros de la UMRA, tras el entierro de su compañero, elaboraron una nota consensuada dirigida a la UME:

"Si vuelve a tener lugar otro atentado semejante al de hoy, replicaremos con la misma moneda, pero no en la persona de un oficial del Ejército, sino en la de algún político. Pues son los políticos los responsables de semejante estado de cosas".

En el funeral del capitán Faraudo el teniente coronel Julio Mangada, visiblemente emocionado, declaró ante la tumba de su amigo y correligionario:

*— Exigimos al Gobierno que obre más enérgicamente contra las provocaciones fascistas y reaccionarias y si no lo hace debemos juramentarnos para hacer pagar ojo por ojo y diente por diente los asesinatos de nuestros compañeros.*

En un rincón del cementerio conversaban dos capitanes: el capitán Federico Escofet, que se encontraba en Madrid por haber sido elegido compromisario para la elección del presidente de la República, que se celebraría al día siguiente, 10 de mayo, y el capitán Condés, de la Guardia Civil.

*—Hay que vengar la muerte de Faraudo, no podemos seguir más tiempo sin actuar. Hay que tomar represalias contra algún alto dirigente de la derecha.*

El odio y la sed de venganza convirtieron en plomizo un día radiante de primavera.

Días después del asesinato de su amigo y compañero, una tarde primaveral de mayo, cuando Castillo regresaba a casa tuvo una intuición. Aunque no detectó a nadie que le siguiera, notó en el ambiente como si un peligro le acechara. Tomó algunas precauciones de autoprotección. Al cruzar la acera por el paso de peatones, en la calle Fuencarral, vio a un joven que le infundió sospechas. Éste iba muy abrigado, a pesar de que no hacía frío. Ocultaba algo debajo de aquella prenda de vestir, tal vez un arma. Le miró desafiante. Castillo llevó la mano a su arma, oculta en el costado derecho debajo de su chaqueta. El sospechoso miró a su izquierda, donde había un vehículo aparcado con el motor en marcha. De él salió un segundo individuo empuñando un revólver, mientras un tercero permanecía al volante. El teniente de Asalto no se lo pensó dos veces. Sacó su pistola e hizo uso de ella. Dos impactos de bala hicieron blanco en el cristal del coche. El vehículo se puso en marcha y los tres pistoleros subieron al mismo precipitadamente, no sin antes disparar a Castillo que se refugió en el quicio de una puerta. El automóvil desapareció por el fondo de la calle. En su huida alocada, un viandante estuvo a punto de ser atropellado.

Aquella tarde las milicias socialistas a las que entrenaba tuvieron conocimiento del atentado y por unanimidad decidieron dar escolta a su instructor, quisiera o no. El teniente de Asalto asumió con resignación, pero de mala gana, ser escoltado por aquellos jóvenes. Solo puso una condición, que no lo hicieran en el paseo diario que hacía con su novia Consuelo. Cada día era esperado por dos muchachos armados en la puerta de su casa y le acompañaban a pie hasta el cuartel de Pontejos. Al terminar el servicio se rencontraban con él en un bar frente al centro militar. Luego le escoltaban hasta la Gran Vía o hasta la Plaza de España, donde le esperaba su prometida. Una tarde encontró a Consuelo sentada en un banco. Estaba con un pañuelo blanco impoluto en la mano enjugándose las lágrimas. Cuando vio llegar a su prometido, lo guardó en el bolso. Sus ojos enrojecidos delataban que había llorado. Se besaron castamente en la mejilla.

*—¿Qué te pasa, Consuelo?*
*—Nada importante. No te preocupes.*
*—Dime qué te pasa.*

La mujer sacó del interior de su bolso una hoja de papel y se la extendió a su futuro marido. Este leyó para sí:

"No te cases con un cadáver, guapa".

*—¡Fascistas, canallas! No te preocupes mi amor, nada nos va a ocurrir.*

El 20 de mayo, la pareja se casaba civilmente en el Ayuntamiento de la capital. La novia, con gran porte y elegancia, lucía un vestido blanco y Castillo, el novio, el uniforme de gala de la Guardia de Asalto. Los padrinos, el padre de ella y la madre de él, emocionados llegaron con sus respectivos hijos al lugar de la celebración en lujosos automóviles. El ritual, muy original, consistió en unas palabras sentidas del concejal oficiante, la lectura de los artículos del código civil en el que se establecían los derechos y deberes de los contrayentes y un ritual con gran significado. Ambos contrayentes encendieron sendas velas idénticas, simbolizando una el novio y otra a la novia, que unieron para prender la mecha de una vela de mayor tamaño al mismo tiempo. Querían simbolizar su compromiso como pareja y la nueva vida en común que iniciaban en ese momento. Fue un momento tan emotivo para ellos como para el resto de los asistentes. Los invitados se trasladaron a un conocido hotel del centro donde fueron obsequiados con una cena. Luego el viaje de novios a Andalucía de una semana de duración y regreso a Madrid.

El teniente Castillo siguió con su rutina. Eso sí, volvía a su casa más temprano y salía más tarde para estar más tiempo con su joven y bella esposa. Así transcurrieron las primeras semanas de matrimonio. No hubo más amenazas anónimas. A pesar de ello nunca bajó la guardia, adoptando todas las medidas de autoprotección que conocía. Fue un periodo de tranquilidad casi absoluta.

Aquel día era el cumpleaños de su suegro le había prometido a su esposa ir al domicilio de éste a comer. Comieron con los padres de Consuelo. Luego fueron a los toros. El joven matrimonio llegó a la plaza de las Ventas antes de las cinco. Era un día caluroso. Allí, Castillo se encontró con una compañera de partido, la militante socialista Leonor Menéndez.

*—¡Hola Leonor!*

*—¡Hola Pepe! ¡Hola Consuelo! ¿Qué tal?*

*—Pues mira, a mí no me gustan los toros, pero he venido con Pepe.*

Leonor se excusó para ir al baño, al tiempo que le hacía un gesto al teniente de Asalto indicándole que la siguiese. Consuelo no se percató del detalle. Castillo le guiñó el ojo a su compañera de partido, para darle a entender que había recibido su mensaje y que actuaría en consecuencias.

*—Consuelo, voy a buscar unos refrescos.*

El militar se ausentó con esa excusa y unos segundos después estaba con su compañera de partido en un vomitorio de la plaza.

*—Tengo que contarte algo importante.*
*—Dime Leonor.*
*—Me han dicho de muy buena fuente que pretender atentar contra ti esta misma noche. ¡Ten mucho cuidado Pepe!*
*—Esos fascistas no podrán conmigo. Ya lo han intentado en varias ocasiones. Estoy acostumbrado a sus bravuconadas. No voy a esconderme como un conejo asustado. Eso es lo que quieren ellos. Esta pistola que llevo al costado va siempre conmigo. ¡No te preocupes! Hoy tengo servicio y voy a ir como de costumbre.*

La corrida de toros concluyó a las siete y media. Regresaron al centro en tranvía. Bajaron en la Gran Vía, cerca de la plaza del Callao. Dieron un largo paseo hasta la Plaza de España. Castillo no comentó nada sobre lo que le había informado su compañera de partido. Hablaron de las compras que había hecho ella, de lo elegante que era su vestido y de la excursión que harían el próximo domingo. Tomaron algo de comer en un elegante bar de la Gran Vía, ya de vuelta a su casa de la calle Augusto Figueroa. Él comenzaba el servicio a las diez. Subió a su domicilio para cambiarse de uniforme. Se despidió en la puerta con un beso en los labios. Se dirigió hacia la calle Fuencarral para bajar a la Puerta del Sol, camino de su destino en el Cuartel de Pontejos. Eran las nueve y media de la noche, una noche calurosa de luna clara.

*Capítulo 8*

# MATAR AL JOVEN GUARDIA ROJO

*Guardia de Asalto.*
*Madrid, 12 de julio de 1936.*
*Seis días antes del inicio de la Guerra Civil.*

Juan de Dios Fernández Cruz había dejado la redacción del periódico donde trabajaba hacía media hora, miró su reloj de pulsera. El tiempo corría lento. "El que espera, se desespera", pensó. Hacía un calor sofocante, no corría ni brizna de aire en aquel Madrid veraniego. La glorieta de Quevedo a las nueve y media de la noche era un hervidero de gente: oficinistas que salían de la boca del metro camino de sus hogares donde les esperaba sus mujeres e hijos para cenar, estudiantes que caminaban en animada conversación aderezada con risas adolescentes, un grupo de obreros que salían de una taberna camino de la parada del tranvía ...

¡Por fin¡ Ahí estaba el tranvía de la línea 18 que esta noche iba con bastante retraso. El periodista subió fijándose en las piernas de la joven que le precedía y pensó que eran perfectas. Los viajeros abarrotaban aquel transporte urbano, era hora punta. Se acopló como pudo entre la chica que le precedía y un señor obeso con traje gris, anillo de oro y puro. La puerta se cerró, dejando en la acera a algunos usuarios que tuvieron que esperar al siguiente tranvía. El calor, la lentitud del vehículo y el hacinamiento se hacían casi insoportables. Llegaron a la esquina de las calles de Augusto Figueroa y Fuencarral con mucho retraso. Juan de Dios se apeó y a buen paso enfiló la calle hacia su domicilio en la calle de Augusto de Figueroa. Al pasar junto al oratorio de Santa María de Arco, en la Calle Fuencarral, se quitó el sombrero. Un anciano con aspecto de mendigo loco hacía gestos grotescos, se santiguaba arrodillado haciendo aspavientos. Le llamó la atención y se le quedó mirando. El anciano andrajoso le espetó:

—*¿Tú, qué coño miras?*

Pensó contestarle con un improperio, pero se percató que no merecía la pena.

En aquel instante, al entrar en la calle de Augusto Figueroa, volviendo la esquina del oratorio, vio venir hacia él a un teniente de Asalto, con gafas, que cruzaba la calle para entrar en la calle Fuencarral. De porte marcial, iba perfectamente uniformado, con su gorra de plato donde brillaban dos estrellas de seis puntas. No habría llegado al centro de la calle cuando, tras él, irrumpieron cuatro individuos jóvenes. Parecían nerviosos, alterados. Uno de ellos con voz profunda y respiración jadeante se dirigió al resto del grupo:

—*¡Ese es, ese es! ¡Tírale!*

Sonaron varios disparos que rompieron el silencio del barrio. El oficial de Asalto intentó mantenerse en pie, pero notó como las fuerzas le faltaban, como si se las hubieran arrancado de repente. Se dirigió hacia la acera como buscando un refugio inexistente. Dio un último traspié cayendo sobre Juan de Dios Fernández, uno de los dos viandantes que había en la calle. Cayeron los dos al suelo. En la caída, el periodista notó un intenso dolor en el codo. Pensó que se lo había fracturado. Se quitó de encima al herido de bala, mientras observó que los pistoleros huían a toda velocidad por la calle de Fuencarral. En la caída había perdido sus gafas. Se levantó con dificultad, el codo le dolía a rabiar y con su mano izquierda palpó la zona lesionada como intentando comprobar la evidencia de la lesión. No veía bien, buscó sus gafas y las encontró junto al militar herido. Se las colocó con una mano, seguía viendo borroso. Estaba muy nervioso, en estado de shock y se sentía mareado y profundamente aturdido. Un viandante le entregó otras gafas, éstas eran las suyas. Entonces comprendió por qué se le había nublado la vista. El teniente de Asalto herido era más miope que él.

Un automóvil negro e impoluto se detuvo al borde de la acera y de él bajó un señor impecablemente vestido que se acercó hasta donde estaba él y la persona que un segundo antes le había dado las gafas, luego supo que se llamaba Félix Terán. Los tres levantaron al teniente colocándole con sumo cuidado en el asiento trasero del coche. El dueño del vehículo pensó para sus adentros que era una faena manchar de sangre aquella tapicería tan cara, pero era inevitable. Se acomodaron como pudieron en el interior junto al herido de bala. Sangraba abundantemente, empapando los pantalones y las chaquetas de sus bienhechores. El conductor aceleró enfilando la calle hacia el "Equipo Quirúrgico", nombre como era popularmente conocido el servicio de guardia de cirugía de la ciudad.

Félix Terán conocía al teniente, sabía que se llamaba José del Castillo y que estaba destinado en el cuartel de Pontejos, justo detrás de la Dirección General de Seguridad de la Puerta del Sol.

El teniente Castillo tuvo sus últimos pensamientos para su esposa. Sacó fuerzas de flaquezas y pronunció sus últimas palabras antes de expirar en brazos de sus benefactores.

*—Llevarme con mi mujer, está sola. La acabo de dejar ahí atrás en la calle Augusto Figueroa.*

Juan de Dios Fernández Cruz, periodista natural de Cabra, sostenía la cabeza del militar herido de muerte. Vio que sus ojos perdían el brillo de los vivos. Los músculos de la cara se le relajaron. Aquel hombre en unos segundos se había convertido en un pesado muñeco de trapo. Lo llevaron, no obstante, al centro médico asistencial de la calle Ternera. Los médicos certificaron lo que ya todos los presentes sabían: Aquel hombre estaba muerto.

Los facultativos de guardia colocaron al fallecido en la mesa del quirófano. Un auxiliar médico cortó con unas tijeras el pantalón, la camisa, la chaqueta y la ropa interior del fallecido. Quedó totalmente desnudo. Se apreciaba una herida de arma de fuego, con orificio de entrada por la cara posterior del brazo izquierdo, con fractura del húmero. Otro disparo le había perforado el pecho, entre las costillas, no había en este caso orificio de salida. Aquel impacto era mortal de necesidad.

Las sirenas de una ambulancia rompieron el silencio de la calle Ternera. Los camilleros muy diligentemente sacaron a un joven herido. No tendría más de 18 años. La sangre manaba abundantemente por la parte de atrás de su muslo izquierdo. Estaba consciente.

*—Joven, ¿Cuál es su nombre, su edad y la dirección de su domicilio?*
*—Me llamo José Luís Álvarez. Tengo 18 años. Vivo en la calle Malasaña 29.*
*—¿Qué le ha pasado?*
*—Yo trabajo en la farmacia de la calle Fuencarral de mancebo. Estaba en la puerta fumando un pitillo, cuando oí varios disparos. Cuando me refugiaba asustado dentro del establecimiento donde trabajo, noté un fuerte golpe en la parte de atrás de mi muslo izquierdo y caí al suelo. Creo que he recibido un balazo. Me duele mucho doctor.*
*—No te preocupes, hijo. Vamos a intervenirte. Ahora te anestesiaremos y no notarás nada...*

El paciente presentaba una herida de arma de fuego en la cara posterior del muslo izquierdo con fractura del fémur, sin orificio de salida. Su estado era grave.

Antes de que los médicos hubieran terminado el reconocimiento del cadáver llegaron a la sede del Equipo Quirúrgico varios vehículos oficiales. El primero en llegar fue un Fort modelo T del que se bajaron el director general de Seguridad, Alonso Mallol y el coronel Sánchez Plaza, jefe del Cuerpo de Asalto. Minutos después Fueron llegando al lugar jefes y oficiales compañeros de la víctima. Todos querían conocer los detalles del crimen. El Comisario General de Investigación Criminal, comisario Antonio Lino, hizo acto de presencia en medio de una sala de espera abarrotada. Se dirigió al director general y al coronel saludándoles respetuosamente. Luego pasó a informarles sobre los datos que tenía en ese momento sobre el asesinato.

*—Tengo varios hombres en la zona interrogando a los testigos. Parece ser que han sido cuatro pistoleros que le estaban esperando. Era el hombre más amenazado de Madrid...*
*—Este asesinato ha sido idéntico al del capitán de ingenieros Carlos Faraudo, creo que instruía también a las milicias socialistas como Castillo. Unos falangistas le tirotearon mientras paseaba con su mujer por Madrid.*
*—Tanto uno como el otro fueron grandes hombres, buenos militares y sobre todo unos fieles defensores de la República. Murieron por la Democracia y por España.*
*—Coronel, ordene usted que cuando terminen los facultativos médicos, trasladen el cadáver a la Dirección General.*

El coordinador médico hizo pasar a su despacho a las autoridades presentes y les informó con detalle de los pormenores de la inspección que le habían hecho al cuerpo inerte del teniente.

A las once y cuarto de la noche una ambulancia trasladaba al edificio del reloj de la Puerta del Sol, sede de la Dirección General de Seguridad, el cadáver del desventurado oficial. Provisionalmente fue depositado en el despacho del teniente coronel, jefe de las fuerzas de Asalto de Madrid, mientras se ultimaba la instalación de la capilla ardiente en el salón rojo. Terminada ésta, el cadáver fue amortajado con su uniforme reglamentario, colocado en una caja de caoba y expuesto en dicho salón.

Un vehículo de la Guardia de Asalto se había desplazado al domicilio para trasladar a los familiares del finado a la Dirección de Seguridad. La viuda, los suegros y los hermanos del teniente Castillo fueron recibidos por Alonso Mallol, Director General de Seguridad. Trató a la familia con suma delicadeza. Les transmitió un sentido pésame en nombre del Gobierno y de él mismo. Y les ofreció su ayuda para todo lo que necesitasen en esas duras horas. Pasaron a ver el cadáver. Todos los presentes abandonaron temporalmente el salón para permitir que la familia tuviera unos minutos de privacidad. Consuelo Morales, la esposa, los hermanos del teniente: Pedro, Francisco, Griselda, Atocha y Lola y sus suegros, permanecieron diez largos e intensos minutos a solas con el fallecido.

Consuelo, la joven y esbelta esposa de Castillo, que hasta ese momento había aguantado las lágrimas se desmoronó emocionalmente y no pudo contener su dolor en silencio.

*—¡Cariño, que poco me has durado! Ni dos meses de casados y ya te has ido de mí y del hijo que llevo en mi vientre. No te conocerá, ni tú a él. ¡Qué desgracia más grande!*

El silencio, ante aquella escena, dolía. La mayoría de los presentes notaron un nudo en la garganta y pocos pudieron reprimir las lágrimas. Una mezcla de dolor, odio e impotencia flotaba en el ambiente, haciéndolo casi irrespirable. La caja de caoba, tapada parcialmente con la bandera de la República, se fue poblando de coronas y ramos de flores. Una guardia de honor de cuatro guardias de asalto, inmóviles y con gran porte marcial, ocupaban a pie firme las cuatro esquinas de la caja mortuoria. Abrieron al público el salón para que todas las personas que quisieran pudieran dar el último adiós a aquel servidor público asesinado. Se formó una cola interminable de la gente más variopinta: obreros, marinos, soldados, mujeres de todas las edades, jóvenes de todos los partidos de izquierdas, amén de guardias de asalto, guardias civiles y militares de todas las graduaciones. A las seis de la tarde, más de cuatro mil personas aguardaban estoicamente para pasar ante la capilla ardiente.

Una multitud de periodistas y de compañeros del teniente siguieron congregándose durante toda la madrugada del día 12 al 13 de julio en los estrechos pasillos de la Dirección General de Seguridad. La indignación y la sed de venganza fueron alimentándose durante toda la madrugada con los comentarios de los presentes. Se estaba gestando una acción violenta, dramática y visceral. Los gritos de venganza se generalizaron entre los compañeros del fallecido.

*—¡Los fascistas de Falange van a pagar muy caro lo que han hecho! ¡Hijos de la gran puta! ¡Cobardes!*
*—La Guardia de Asalto va a responder como un solo hombre. ¡Ya no aguantamos más! ¡Se están cebando con nosotros!*

La llegada de Fernando Condés, capitán de la Guardia Civil, no tranquilizó los ánimos, pero sí hizo que se hiciera el silencio en el salón. Los que abarrotaban los pasillos le abrían paso y éste se encaminaba ceremonioso hacia el salón donde estaba instalada la capilla ardiente. Delante del féretro no pudo ni quiso reprimir las lágrimas. Castillo le llamaba "hermano" y su dolor era fraternal e infinito. Le dolía el alma y hasta el aliento. Habían sido compañeros inseparables. Compartían ideas políticas. Fueron juntos al combate, se divirtieron y se enamoraron juntos. Compartieron desvelos, sinsabores, éxitos y fracasos. Fernando no rezó ante el cuerpo inerte de su amigo-hermano, era ateo. Musitó unas palabras que nadie pudo oír.

—*Vengaré tu muerte, hermano.*

A la salida del salón, visiblemente emocionado, se encontró con Santiago Garcés, otro de sus amigos íntimos, y Luís Cuenca. Los dos pertenecían a **"La Motorizada"**, **(21)** grupo paramilitar armado formado por jóvenes socialistas seguidores de Indalecio Prieto. Este grupo prestaba seguridad a su líder a modo de una auténtica guardia pretoriana, enfrentándose, incluso con las armas, a derechistas, anarquistas y socialistas de Largo Caballero. Tanto Condés como Castillo habían sido instructores militares de "La Motorizada" y contaban con el respeto y el afecto de aquellos dos hombres. Luís Cuenca era, dentro del grupo paramilitar, un referente. Había salvado la vida de su líder durante un mitin en Écija, cuando un grupo de socialistas afines a Largo Caballero pretendieron acabar con la vida de Indalecio Prieto. Éste, como no podía ser de otra forma, se sentía profundamente agradecido y le nombró jefe de su escolta personal, entrando en el pequeño círculo de personas de su confianza. Los tres se encaminaron juntos al exterior del edificio, necesitaban tomar aire y decidir cómo vengar la muerte de su amigo. Se dirigieron al despacho del Ministro. La sangre les hervía y los poros de su piel expulsaban odio a raudales. No asistirían al entierro. Lo que tenían que hacer era más importante.

Benjamín Bentura, (con b), era un conocido periodista que se había especializado en las crónicas de sucesos. Tenía su vivienda en la calle de Víctor, desde el balcón de su despacho se dominaba la puerta lateral de la Dirección General de Seguridad. Miraba por la ventana. Hacía unos diez minutos que el reloj de cuco que tenía en el vestíbulo había dado las cuatro de la madrugada. Un numeroso grupo de guardias de Asalto salía de la Dirección. A poco llegaba un coche fúnebre, seguido por buen número de coches oficiales. El féretro que contenía los restos del teniente Castillo fue colocado en el coche de la funeraria. Un hombre joven, que había salido de la Dirección y del cual luego supo que era hermano de Castillo y que ejercía de abogado del Socorro Rojo, se dirigió al grupo que formaban el Director General de Seguridad, Alonso Mallol, y los comisarios Aparicio, Laño y Rivas, a voz en grito.

> *—¡Cobardes! Sacáis el cadáver a estas horas porque tenéis miedo. Le habéis matado vosotros.»*

Entre varios de sus acompañantes metieron a aquel hombre en un automóvil.

A las cuatro y media de la madrugada se procedió a trasladar el cadáver al depósito del Cementerio del Este. Un coche fúnebre acristalado albergó la caja mortuoria. Detrás, le seguía otro automóvil cargado con numerosas coronas y ramos de flores. Rodeando y siguiendo al coche que portaba los restos del teniente Castillo iban oficiales del ejército y de los cuerpos policiales, números de la Guardia Civil y de la Guardia de Asalto y jóvenes de las milicias socialistas y comunistas, pero sobre todo obreros. La comitiva de autoridades, que se componía de unos sesenta coches, llegó al Cementerio Municipal del Este, en la parte denominada Civil, donde fue depositado y donde quedaron compañeros del finado y familiares velando el cadáver. Durante el traslado se tomaron precauciones para evitar manifestaciones de cualquier índole y evitar así incidentes como los que se produjeron en el entierro del alférez de la Guardia Civil Anastasio de los Reyes.

A las nueve de la mañana, un gentío se congregó en el cementerio. Obreros, jóvenes de las milicias socialistas y guardias sin graduación, se abrían paso para llegar lo más cerca posible hasta donde se encontraba el féretro. A las diez en punto comenzó una ceremonia laica de homenaje al difunto, antes de darle sepultura. En lugar preferente se encontraban el Subsecretario de Gobernación, Osorio Tafall, que representaba al ministro; el Director General de Seguridad, Alonso Mallol; el alcalde de Madrid, Pedro Rico; representantes de varias logias masónicas, concejales, gestores provinciales y bastantes diputados de izquierda; la Junta Municipal de Izquierda Republicana, así como jefes y oficiales del Ejército y de los Cuerpos de Seguridad y Asalto.

La caja fúnebre del teniente Castillo fue cubierta con la bandera del Comité Provincial del Partido Comunista, y ante ella desfilaron las milicias unificadas que él instruía y entrenaba cada tarde. Luego, seis de aquellos jóvenes portaron el féretro a hombros hasta la sepultura. El teniente coronel Julio Mangada, afiliado a Izquierda Republicana, pronunció un emotivo discurso antes de dar tierra al cadáver. Las palabras del militar enardecieron los ánimos de los allí presentes. La palabra venganza se oía como un eco. El duelo y la rabia se instauraron con fuerza en el alma de los amigos del fallecido.

CADENA DE ASESINATOS
MADRID

# JOSÉ CALVO SOTELO

*Capítulo 9*

# "LA VIDA PODÉIS QUITARME, PERO MÁS NO PODÉIS"

*Madrid, 10 de julio de 1936.*
*Una semana antes de la Guerra Civil.*

El vicepresidente de **Renovación Española, (22)** partido monárquico y derechista, llegó al domicilio de don José Calvo Sotelo, en la calle Velázquez, a las once en punto de la mañana de aquel 10 de julio de 1936. Sabía que el que iba a ser su interlocutor era un verdadero maniático de la puntualidad. La criada, tocada con cofia, perfecta y elegantemente uniformada, le abrió la puerta y le rogó que pasara a la biblioteca. Don José, el dueño de la casa, le esperaba. Se saludaron cortésmente y se sentaron uno frente a otro. Comenzaron a hablar en un volumen muy bajo, confidencialmente. La empleada del hogar, a pesar que tenía un buen oído, no percibía nada más que unos leves murmullos casi inaudibles tras la puerta.

El presidente de Renovación Española era don **Antonio Goicoechea (23),** amigo personal del anfitrión. Estaba enfermo y había mandado en su nombre al vicepresidente del partido, Julián Cortés Cavanillas, para tratar asuntos importantes con su socio político, don José Calvo Sotelo. Fue al trigo, sin preámbulos.

*—Don José, traigo tres temas que tenemos que tratar de manera urgente. El primero de ellos es que ha llegado a nuestros oídos que su chófer ha cometido una grave indiscreción. Ha comentado públicamente que usted se reunió con varios militares de alto rango en una apartada carretera de la provincia de Toledo. Parece ser que nuestros enemigos políticos tienen esta información.*

Su gesto se tornó de preocupación. Aquello que le exponía su interlocutor era muy grave, si era cierto.

*—Me sorprende muchísimo que Gonzalo haya cometido ese fallo tan atroz. Es una persona de mi máxima confianza. Extremaré, no obstante las precauciones en el futuro. Las entrevistas que tengo que celebrar son ya pocas. Muy pronto tendremos buenas noticias de los militares. El golpe*

*me han asegurado que está en marcha y vendrá de fuera de la Península.*
*—El segundo asunto que me trae aquí tiene que ver con su seguridad. Tenemos una confidente en el Partido Socialista que nos ha comentado que pretenden asesinar a los tres líderes de la derecha: Goicoechea, Gil Robles y a usted.*
*—No creo que se haya planteado nuestro asesinato por parte de elementos socialistas. Ya lo he comentado con Goicoechea. Creo que hay muchos pistoleros comunistas y anarquistas descontrolados por Madrid y de ahí sí puede provenir un atentado contra nuestras personas. Y lo peor de todo es que de producirse, el Gobierno no haría nada por impedirlo. De eso soy consciente.*
*—Y, finalmente, la tercera cuestión que le quiero plantear es que acepte una guardia personal de muchachos de Renovación Española, exactamente el mismo grupo que le ha acompañado en alguna ocasión en los viajes a provincias. Prestarían servicio en el portal de su casa y le seguirían en sus desplazamientos por la ciudad, a una prudente distancia y siempre detrás del coche de la Policía de escolta. Sabemos que la Dirección General de Seguridad le ha cambiado los agentes de su escolta oficial por policías de protección que son rabiosamente izquierdistas, Su seguridad no está garantizada, don José.*
*—Esta opción que me platea me parece inviable porque a los jóvenes de Renovación Española no se les puede armar legalmente. Si portaran armas serían detenidos inmediatamente por los mismos policías de mi escolta.*
*—Pero, don José usted…*

No dejó terminar la frase a su visitante.

*—Vivimos días complicados y peligrosos. El Gobierno conoce que se está preparando una insurrección militar, pero no conoce las claves ni quienes participarán en ella.*

Se despidieron en la puerta del domicilio con un apretón de manos. De vuelta a su domicilio, el vicepresidente de Renovación Española se enfrascó en sus pensamientos. Recordó las palabras que don José Calvo Sotelo había pronunciado en su última intervención en el Congreso: "España está en el umbral del comunismo y hay que evitar que la Patria perezca bajo la horda roja." Esto no iba a ser perdonado por sus enemigos políticos de la izquierda más radical. Y también había dicho antes a Casares Quiroga las mismas palabras que Santo Domingo de Silos a un rey castellano: "Señor, la vida podéis quitarme, pero más no podéis. Y es preferible morir con gloria a vivir con vilipendio."

Al día siguiente, el 11 de julio de 1936, una mujer entraba en la sede de Renovación Española. Hablaba muy rápidamente y su nerviosismo era evidente. Quería hablar urgentemente con don Antonio Goicoechea, presidente del partido. La recién llegada estaba angustiada. Insistía reiteradamente en ser recibida por el líder del partido a toda costa. El secretario, mirándola por encima de las gafas de lectura, le preguntó en varias ocasiones sobre cu*á*l era el tema tan importante que quería tratar. Ella contestaba siempre que era un asunto de vital importancia y que solo podía hablarlo con el jefe del partido. Tanto insistió que la hicieron pasar al despacho del señor Goicoechea. Éste estaba convaleciente y hacía días que no salía a la calle.

*—Buenas tardes Petra. ¿Qué te trae por aquí con tanta urgencia?*
*—Mire usted don Antonio, como ya le dije, en el partido se habla desde hace tiempo de matarles a usted, a Calvo Sotelo y a Gil Robles. Esta tarde se está hablando de "darles matarile, ya".*
*—Pero, ¿Hay algún detalle concreto?*
*—No es fácil enterarme, porque no puedo preguntar directamente para que no sospechen de mí. Saben que yo trabajé de niñera, hace años en su casa, con su difunta madre que Dios la tenga en su gloria.*
*—Gracias Petra. Si te enteras de algo más concreto mantenme informado.*

Cuando la mujer se marchó, Antonio Goicoechea telefoneó inmediatamente a Gil Robles para informarle del contenido de la conversación que acababa de tener. Éste también había recibido noticias confidenciales que coincidían con las que le estaba contando su interlocutor.

*—Debemos ser muy cautos. Sólo les hace falta un pretexto o preparar un plan para justificar ante la opinión nacional e internacional nuestros asesinatos.*
*—Debemos tomar precauciones que aumenten nuestra seguridad personal. Contar con escoltas de suma confianza, si es posible dormir fuera de casa y no abrir la puerta a nadie, sobre todo por la noche.*
*—Me niego a creer que un atentado contra nosotros sea asumido por el*

*Gobierno. Sí podrían cometerlo pistoleros y asesinos incontrolados de las organizaciones de extrema izquierda. Voy a ponerme en contacto con el ministro de la Gobernación para informarle de la situación y solicitarle la protección personal adecuada.*

*Capítulo 10*

# DETENCIÓN

*Guardia de Asalto y Guardia Civil.*
*Madrid, 13 de julio de 1936.*
*Cinco días antes del inicio de la Guerra Civil.*

Un grupo de oficiales y guardias de Asalto de claras ideas izquierdistas eran recibidos en el despacho del Ministro de la Gobernación por su titular, **Juan Molés. (24)** Era muy tarde para celebrar una reunión. Los más caracterizados eran el teniente-coronel Sánchez Plaza, el comandante Ricardo Burillo Stholle, jefe del segundo Grupo de Asalto con base en Madrid, al que pertenecía el teniente Castillo y el capitán Condés de la Guardia Civil.

*—Es una vergüenza que maten a los nuestros y los asesinos fascistas estén en la calle. Sabemos quiénes son y donde están. ¡Exigimos una acción contundente!*
*—Actuar en caliente no es bueno para nadie.*
*—Tenemos que detener a los falangistas identificados que están implicados en los últimos sucesos violentos. No se puede esperar más. El pueblo lo pide a gritos.*
*—Está bien, pero sólo se detendrá a los que están en las listas elaboradas por la brigada criminal, entregándolos a la autoridad competente. Quiero que me lo juréis por vuestro honor.*
*—Tiene usted nuestra palabra. Nadie que sea inocente tiene por qué temer.*

El despacho se desalojó, quedando solo el ministro y su secretario particular.

*—Espero, don Juan, que esta madrugada no haya un baño de sangre en Madrid.*

El capitán de la Guardia Civil Condés, Santiago Garcés y Luís Cuenca habían llegado al cuartel de Pontejos hacía una media hora. La Puerta del Sol estaba más poblada de lo habitual, muchas personas acudían a dar su último adiós al asesinado teniente Castillo. De la boca del metro salían grupos de obreros y de policías de la Guardia de Asalto. No era normal que ante la puerta del cuartel hubiera tanta gente concentrada a esas horas de la noche.

Aniceto Castro Piñeiro; guardia de asalto de la segunda compañía de especialidades, hombre joven, rubio y de ademanes desenvueltos; nunca pensó que iba a ser testigo directo de uno de los hechos más trascendentales de la historia de España de la primera mitad del siglo XX. Hijo de campesinos de un pueblo de Lugo. Había sido cantero y después trabajó en una serrería. Ingresó en el Cuerpo en 1934. Estaba destinado en Madrid desde febrero.

Aquella noche de verano madrileño que empezó tranquila y clara se fue enturbiando a medida que pasaban los minutos. El asesinato del teniente Castillo pesaba como una inmensa losa en el ambiente cuartelero. No se hablaba de otra cosa. Los oficiales entraban y salían del recinto algo nerviosos. Algunos paisanos de "La Motorizada" fueron llegando al patio de Pontejos. Formaban parte de la escolta de dirigentes de izquierdas. Uno de aquellos hombres de "La Motorizada" era conocido de vista por Aniceto Castro. Según le habían comentado, era hombre de confianza de Indalecio Prieto. Le saludó de manera mecánica con un "salud camarada". Se notaba que su humor era endiablado aquella noche. Aquel individuo tendría unos treinta años. Era de baja estatura, algo grueso, muy ancho de hombros, con pómulos abultados y de expresión agradable. Frecuentaba un bar de la calle Peligros. Aunque no era guardia, disponía de carnet del Cuerpo de Asalto y por supuesto armas. Se puso a conversar brevemente con un grupo de paisanos. Aquel individuo se llamaba Luis Cuenca Estevas, era un gallego de "buena familia". Su padre era ingeniero industrial y su abuelo general de la Guardia Civil. Estuvo en Cuba unos años. Allí estuvo envuelto en diversos disturbios estudiantiles, y se afirmaba había sido guardaespaldas del dictador Camacho, por lo que se le apodaba con los alias de "El Cubano" y "El Pistolero". En 1932 ingresó en las Juventudes Socialistas. Tenía fama de pistolero de acción contra los fascistas. Era íntimo amigo del teniente Castillo y mantenía una relación algo más superficial con el capitán Condés. Se dirigió al grupo de paisanos, amigos y conocidos suyos.

> *—Hay que acabar con los hijos de puta de los fascistas que han matado a Castillo. Tenemos que acabar con un pez gordo y darles un escarmiento. Esta vez se han pasado, han ido demasiado lejos esos cabrones asesinos de la Falange.*
>
> *—Con los fascistas lo que hace falta es darle gusto al dedo. Ya estamos tardando.*

*—Si hubiera muchos con los cojones que tú tienes, no habría fascistas en Madrid.*
*—¿Habéis visto al capitán Condés?*
*—Sí, ¿Quieres que le avisemos?*
*—No, no hace falta.*

En ese momento llegó hasta donde estaba el grupo el capitán de la Guardia Civil Fernando Condés. Se dirigió a un corrillo donde conversaban un guardia de asalto y tres paisanos: Federico Coello, Francisco Ordóñez, Santiago Garcés Arroyo y el guardia José del Rey Hernández. Todos eran amigos entre sí y compañeros de partido.

*—Estad tranquilos y preparados, porque el Gobierno está dispuesto a que no quede esto así.*

Federico Coello le escuchó con atención, asintiendo con la cabeza. Era médico. Afiliado a la Juventud Socialista de Madrid. Novio de la hija del líder socialista Largo Caballero. Hombre de acción que no vacilaba ante la necesidad de utilizar a veces la pistola en defensa de sus ideales. Indalecio Prieto lo seleccionó como miembro de su escolta personal al igual que a Santiago Garcés Arroyo.

El guardia José del Rey Hernández era también miembro de las Juventudes Socialistas desde 1931. Había ingresado en la Guardia de Asalto en 1932 y desempeñaba servicio de escolta con la líder izquierdista **Margarita Nelken. (25)** Ejercía prácticamente de comisario político en el cuartel de Pontejos. Se decía que el propio comandante Burillo recibía órdenes directas de aquel politizado guardia.

Serían las doce y media de la noche cuando José del Rey se acercó al teniente Andrés León Lupiol, le saludo militarmente y le entregó un documento. En realidad era una orden emitida por un superior jerárquico. Leyó aquel folio.

*—Me parece que esta noche vamos a ir de caza.*

José del Rey se dirigió al fondo del pasillo donde hablaban en un corrillo cuatro miembros de "La Motorizada": Santiago Garcés, Federico Coello, Fernando Ordóñez y Luis Cuenca Estevas. Cuchicheó algo con ellos y todos sonrieron abiertamente. Algo grave estaban tramando. Algo desconocido por el momento por los guardias del cuartel.

A las dos menos diez de la madrugada, ya del día 13 de julio, el guardia Orencio Bayo, conductor de la camioneta número 17, se dirigió al teniente Lupiol que se encontraba con el capitán Condés.

*—A sus órdenes mi teniente, el vehículo está repostado y dispuesto para el servicio.*

Salieron del aparcamiento cuando las campanas del reloj de la Puerta del Sol daban las dos de la madrugada. Habían subido en la camioneta número 17 el capitán Condés vestido de paisano y el teniente Lupiol. Éste, dirigiéndose a un grupo de policías, mandó subir a siete en la camioneta: Los cabos Mariano García y Francisco Condés y los guardias Esteban Seco, Ricardo Cruz, Bienvenido Pérez Rojo, Aniceto Castro y José del Rey. Además subieron los paisanos: Santiago Garcés, Federico Coello, Francisco Ordóñez Peña y Luís Cuenca Estevas, alias "El Cubano". Completaban la dotación el conductor, guardia de asalto Orencio Bayo y el capitán Condés, que iba de paisano aunque era guardia civil. Aquellos hombres salieron del cuartel en busca de una incierta venganza. En total trece individuos, un mal número diría un superticioso.

*—¿Quién es el primero de la lista?*
*—Juan López García, nacido en Madrid el 14 de junio de 1910, tiene 26 años, hijo de Juan y María, domiciliado en la calle Cava Baja 3, piso primero derecha. Falangista. Participó en el tiroteo de la calle Miguel Ángel donde resultó muerto un miembro de la CNT.*
*—Vamos a por él.*

Cuando llegaron a la dirección que figuraba en el listado, comprobaron que había un error. El número 31 correspondía a un local comercial y no a un edificio de viviendas. Santiago Garcés y Luís Cuenca bajaron del vehículo oficial y se dirigieron al portal más cercano e interrogaron a la portera, tras sacarla de la cama. Ésta dijo no conocer a la persona por la que preguntaban. Hablaron con un camarero de un bar próximo que estaba cerrando el negocio tras haber estado limpiando el local y con un basurero nocturno, nadie conocía al falangista en aquella calle. Decidieron marcharse.

*—¿Por qué no vamos a por un pez gordo? Antonio Goicoechea, de Renovación Española. Ese es uno de los jefes del fascismo español. Seguro que está detrás de la muerte del camarada Castillo. Sabemos dónde vive.*

Orencio Bayo, guardia de asalto y conductor de la camioneta, no tuvo que preguntar la dirección del líder derechista. Había hecho servicio de protección en el portal de aquella casa, muchas veces. Cuando llegaron comprobaron que no se encontraba en el domicilio. Por motivos de seguridad, no todas las noches dormía en el mismo piso.

*—Vamos a por Gil Robles. Ese es un conspirador contra la República y un enemigo del pueblo. Él está detrás de todos los pistoleros que han matado a nuestros camaradas.*

Llegaron al domicilio del líder de la **CEDA (26)** (Confederación Española de Derechas Autónomas). Un guardia de asalto, de servicio en el portal del domicilio, les dijo que Gil Robles se había marchado hacía dos días de veraneo a Biarritz.

*—¡Qué bien viven estos fascistas!*
*—¡Joder, nos ha mirado un tuerto!*
*—Son las tres de la mañana y no hemos conseguido cazar a ningún fascista, ni chico ni grande.*
*—Aquí al lado, en la calle Velázquez número 89 vive Calvo Sotelo. ¡Vamos a por ese fascista, enemigo de la República!*

El capitán Fernando Condés se bajó de la camioneta. También lo hicieron el teniente Lupiol, el guardia José del Rey y los miembros de "La Motorizada" que iban en el vehículo. El capitán se dirigió al portal. Impartió las órdenes oportunas para que tres guardias de asalto y dos hombres de "La Motorizada" vigilaran los alrededores. Lo hicieron pistola en mano. El oficial penetró en el edificio, tras identificarse ante los dos guardias de seguridad encargados de la protección nocturna de Calvo Sotelo. El sereno de la calle, al ver parada la camioneta, se acercó por si necesitaban algo de él. Uno de los pistoleros se dirigió al recién llegado en un tono despectivo.

*—Tú a lo tuyo. Y ver, oír y callar. ¿Entendido?*

El hombre asintió con la cabeza y se marchó por donde había venido sin mirar para atrás en ningún momento.

Pasó un vehículo por la calle. A bordo iba un matrimonio, habitantes del barrio. Dos de los guardias lo pararon e identificaron a sus ocupantes. Examinaron sus documentos. Luego les mandaron continuar su marcha.

Dieron las tres de la madrugada en el reloj. El timbre del domicilio sonó de manera imperativa y con insistencia. Las calles estaban solitarias y en silencio. La ciudad dormía. Los guardias vieron desde la calle como se encendía la luz de una habitación. Dentro del domicilio Martina, la doncella, despertó y llamó a Margarita, su compañera, una agraciada y muy joven chica extremeña.

*—Están llamando a la puerta, ¿quién será a estas horas? Debe ser algo urgente. Ven conmigo, a mí me da miedo ir sola.*

Se vistieron y salieron las dos hasta el vestíbulo. El timbre dejó de sonar. Ahora eran golpes en la puerta muy fuerte, como para echarla abajo. Las muchachas temerosas preguntaron desde detrás de la puerta:

*—¿Quién es? ¿Qué pasa?*
*—¡Abran! ¡Policía! ¡Abran!*

Martina, estaba muy asustada. No sabía qué hacer. Se quedó bloqueada.

*—Traemos una orden de entrada y registro. Si no abren tiraremos la puerta abajo.*
*—Un momento, por favor. Vamos a llamar al dueño de la casa.*

Las dos jóvenes sirvientas, aterrorizadas, fueron a despertar a don José Calvo Sotelo. Balbuceando, intentaron contar lo que pasaba sin entrar en el dormitorio, desde detrás de la puerta. El líder derechista saltó de la cama y se puso un batín. Se asomó al balcón de la habitación que daba a la calle Velázquez. Lo abrió y se dirigió a la pareja de guardias que prestaban habitualmente servicio de seguridad estática en el portal.

*—¿Son de verdad policías los que están llamando en mi casa?*
*—Sí, don José, son guardias de asalto. Les hemos identificado. Les acompaña un capitán de la Guardia Civil.*

Calvo Sotelo vio la camioneta descubierta de la Guardia de Asalto aparcada junto a la acera y se tranquilizó. Se dirigió a la puerta del piso y abrió. Alrededor de diez hombres se agolpaban en el rellano de la escalera, unos de paisano y otros de uniforme.

*—¿Qué desean ustedes a unas horas tan intempestivas?*
*—Traemos una orden de la Dirección General de seguridad para hacer un registro en este domicilio.*

El que hablaba iba de paisano. Se identificó como capitán de la Guardia Civil. Era Fernando Condés. Los guardias de Asalto, de uniforme, iban todos armados con metralletas y pistolas. Inmediatamente entraron todos ellos en tromba en el domicilio. Se dirigieron en parejas a las distintas habitaciones del piso. Ordenaron que todos los habitantes del inmueble se dirigieran al salón para ser vigilados por dos guardias uniformados armados. Don José volvió a su habitación, intentando tranquilizar a doña Enriqueta, su mujer. Ésta ya se había levantado. Los cuatro hijos del matrimonio seguían durmiendo, ajenos a lo que estaba pasando. Dos individuos de paisano acompañaban al dueño de la vivienda en todo momento.

*—Enriqueta, no te asustes. Es la Policía. Viene a hacer un registro de nuestra casa. Siento que tú y los niños tengáis que vivir esto.*

Se impartieron órdenes muy claras de que todos los moradores del domicilio deberían permanecer en el salón, quietos y en silencio. Comenzaron un registro minucioso de todas las estancias de la vivienda: Abrieron cajones, movieron muebles, descolgaron cuadros, miraron en el interior de cajas,... En el despacho de Calvo Sotelo cinco guardias registraban con minuciosidad, revisando papeles. Sobre la mesa, uno de los hombres de paisano, vio una pequeña bandera de España en un pedestal metálico. Aquella pequeña enseña nacional había acompañado siempre a don José, incluso en el exilio. Uno de los que realizaba el registro cogió la bandera arrojándola al suelo con desdén y con una mal contenida saña. Otro de aquellos hombres arrancó de un fuerte tirón el cable del teléfono que quedó inutilizado. Unos quince minutos después de iniciado el registro, Condés se dirigió a Calvo Sotelo:

*—Damos por terminado el registro. Tiene usted que acompañarnos, don José.*
*—¿Acompañarles? ¿En calidad de qué?*
*—En calidad de detenido. Lo siento. Traemos orden de la Dirección General de Seguridad de llevarle a usted detenido.*
*—¿Detenido? ¿De qué se me acusa? Tengo inmunidad parlamentaria. ¡Soy diputado!*

El líder derechista quedó estupefacto, no podía dar crédito de lo que le estaba ocurriendo. Pensó que era un mal sueño, una pesadilla de la que despertaría en cualquier momento. Protestó con firmeza, energía y fuerte indignación. Aquello lo consideraba un grave atropello y una medida arbitraria. Sus interlocutores le hablaban con aparente corrección, pero con cierta ironía y sarcasmo. Se sonreían entre ellos y cruzaban miradas burlonas. Condés y un teniente de Asalto, apellidado Moreno, insistieron en que tenía que acompañarles irremediablemente.

*—Permítanme, al menos que llame por teléfono al Director General de Seguridad, desde el teléfono del salón.*
*—A partir de este momento, está usted incomunicado. Le ruego que no abandone esta habitación hasta que se le indique.*

Dos guardias de asalto armados con sendas metralletas se colocaron a la entrada del dormitorio, impidiendo la salida al hall del diputado.

*—¿Pepe, por qué nos hacen esto? ¡A un diputado, en su propia casa!*
*—¡Capitán, exijo que se respeten mis derechos como diputado y se me deje aquí en mi casa hasta que amanezca!*
*—Me temo que eso no va ser posible, don José. Tenemos órdenes de llevarlo a usted a la Dirección General de Seguridad.*
*—Quiero confirmar esa orden llamando personalmente al Director General. María, acérqueme usted la guía telefónica.*

Cuando la joven sirvienta llegó con el voluminoso tomo de la guía telefónica, el capitán Condés se la arrebató de las manos.

*—¿No me va a dejar telefonear? ¡Esto es un atropello!*
*—No es necesario hablar por teléfono. Cuando lleguemos a la Dirección podrá usted dar las explicaciones que quiera.*

Calvo Sotelo mantuvo la calma en todo momento, pero no se fiaba de lo que le decía su interlocutor. Dudaba de que se le hubieran impartido las órdenes que decía cumplir. Condés suavizó su tono. Estaba dispuesto a llevarse inexcusablemente al diputado y no quería tener que hacerlo por la fuerza física.

*—Señor Calvo Sotelo, le recuerdo que soy oficial de la Guardia Civil. Es-*

*tas son mis credenciales. Supongo que esto le bastará para saber que soy un hombre de honor.*

*—Yo siempre he defendido al Benemérito Cuerpo y lo que significa.*

*—Pepe, con lo que nosotros en la familia queremos a la Guardia Civil…*

La ingenua frase de doña Enriqueta hizo que en el rostro del capitán se dibujara una medio sonrisa burlona e irónica. El teniente Moreno enseñó también el carnet profesional que lo identificaba como miembro de la Guardia de Asalto.

*—Don José, tenemos que irnos.*

*—Enriqueta, prepárame una maleta pequeña con lo más indispensable, me marcho con estos señores.*

*—¡No te vayas Pepe, por favor! ¡No nos dejes solos!*

*—Volveré en cuanto esto se aclare.*

El líder derechista sabía que estaba materialmente secuestrado por aquellos hombres. Incomunicado y por tanto indefenso. No podía pedir ayuda a nadie. Su casa estaba llena de gente armada. No quería que sus hijos fueran testigos de aquel atropello. En definitiva, no deseaba perjudicar a los suyos y eso quizás le llevó a aceptar salir de su casa de madrugada con sus captores. Su desconfianza era absoluta, pero podía más garantizar la seguridad de su familia que la suya propia.

Cuando la esposa pretendía salir de la habitación para prepararle la maleta con algo de ropa y útiles de aseo, se lo impidieron. Intervino el teniente Moreno para que la dejaran salir. Doña Enriqueta introdujo en la pequeña maleta, además de unas prendas de vestir y un pijama, unas cuartillas en blanco y una estilográfica.

*—¡Por favor, no se lleven a mi marido!*

*—¡Calla Enriqueta! Cuida de los niños y no te preocupes.*

*—Por favor, salgan del cuarto para que me pueda vestir.*

*—Tenemos órdenes de no perderle ni un momento de vista.*

*—¡Esto es intolerable! ¿No ven que de aquí no me puedo escapar? Les doy mi palabra de honor que no lo haré. Déjenme despedirme de mi esposa a solas.*

Don José estaba francamente irritado, indignado y se sentía humillado. Nadie se inmutó, ni Condés ni los dos guardias de asalto que permanecían con las metralletas en la mano.

*—Al menos les pido que se quede únicamente el capitán y que salgan de la alcoba los dos guardias.*

Los tres agentes de la autoridad permanecieron impasibles e inmóviles, como si no hubieran oído las palabras del señor de la casa. Esto irritó todavía más a éste. Se vistió delante de ellos.

*—Esto no va a quedar así, capitán. Me están ustedes vejando. Sus abusos no son propios del Cuerpo al que pertenece.*

*—¡Cállese! Y termine de asearse. El tiempo apremia.*

Se peinó y se puso unas gotas de colonia en las muñecas. La mujer seguía gimoteando con la misma cantinela.

*—¡No te vayas, no te vayas, Pepe!*

*—Calla, Enriqueta, por Dios, vas a ponerte enferma.*

Condés le dio su palabra de caballero de que en unos minutos estaría en el despacho del Director General de Seguridad. Salieron todos de la habitación. Calvo Sotelo dominaba sus emociones. Era un hombre disciplinado, impetuoso y de voluntad férrea. Sabía contenerse cuando era necesario. Entró en el cuarto de sus hijos varones seguido muy de cerca por dos guardias de asalto. Besó a cada uno de los niños en la frente. Todos dormían apaciblemente y no se habían percatado de nada de lo que había ocurrido en la casa. Luego fue, con el permiso de los guardias a despedirse de sus hijas. Una de ellas estaba despierta, la otra dormía. Se despertó sobresaltada. Vio a su padre vestido, flanqueado por dos guardias.

*—¿Adónde vas, papá?*

*—No te asustes. Me marcho con estos señores.*

Besó a las dos hijas en la mejilla y salió de la habitación. La más pequeña de aquellas chicas se quedó estupefacta. No supo reaccionar debido a la somnolencia. ¿Era un sueño lo que estaba viviendo? Se quedó sola en el dormitorio.

El diputado se dirigió a la calle con rapidez, seguido por todos los guardias y miembros de "La Motorizada". Quería acabar lo antes posible con aquella farsa. En la puerta del domicilio, antes de salir, pidió un vaso de agua. Tenía la boca muy seca y la lengua la sentía como si estuviera hecha de esparto. Se dirigió en un francés perfecto a la institutriz de sus hijos y le pidió que le acompañara hasta la calle. Bebió unos sorbos de agua y abrazó a su mujer estrechamente.

*—¿Cuándo sabremos de ti?*
*—Espero que dentro de una media hora. Te llamaré desde la Dirección General de Seguridad. Si es que estos señores no me llevan a pegarme cuatro tiros.*

La mujer se estremeció. Por su espalda le corrió como un calambre frío que la dejó aturdida, ante aquella respuesta inesperada y cruel. Se mantuvo en pie a duras penas. Todos los presentes hicieron gestos, cambiaron de postura y actitud. Nadie esperaba aquella respuesta. Don José bajó las escaleras al lado de la institutriz gala, René Peros, que le llevaba la pequeña maleta. En francés le iba diciendo que comunicara de inmediato su detención a sus hermanos. Que sus padres no fueran informados ya que eran muy mayores y no convenía preocuparles. Un guardia la interrumpió de manera imperativa:

*—Hable usted en español que le entendamos todos.*
*—Hablo como me da la gana! Solo faltaría...*

Llegaron al portal. El portero saludó con un "buenas noches" de cortesía. En la calle esperaban algunos guardias. No había ni un alma más. Ante la puerta, la camioneta número 17 de la Guardia de Asalto. Le invitaron a subir. René le dio su maletín.

*—Adiós René. Haga cuanto le he dicho.*
*—Oui, Monsieur, así lo haré.*

En el banco delantero se sentaron el chofer, el Capitán Condés y José del Rey; en el segundo, algunos paisanos y guardias; en el tercero, que estaba orientado en contra de la dirección de la marcha, no iba nadie; en el cuarto, el guardia de Asalto Aniceto Castro, el detenido señor Calvo Sotelo y un guardia del Escuadrón de Seguridad y en el quinto Luís Cuenca, "el pistolero de la Motorizada" y otros paisanos.
Calvo Sotelo vestía un traje gris impoluto. Estaba sereno.

*—Vamos a ver qué es lo que quieren. Salgamos de la duda. Por cierto ¿Dónde está el capitán de la Guardia Civil?*

*—Aquí estoy, don José.*

La camioneta salió a gran velocidad por la calle Velázquez abajo. La hija pequeña del detenido, que se había quedado sola en su dormitorio, se había puesto la bata. La casa estaba vacía. Todos habían bajado las escaleras. Abrió la ventana del balcón para mirar a la calle. Ya no había nadie. Solo oyó el motor de varios vehículos que se alejaban en la oscuridad de la noche.

El silencio dentro del vehículo era absoluto, nadie hablaba. Solo el ruido del motor rompía el silencio de la noche apacible de verano. José Calvo Sotelo se enfrascó en sus pensamientos. En el Parlamento, en los últimos días había realizado una ingente tarea. Sus discursos siempre habían sido serenos, valientes, pero hirientes para sus adversarios políticos del Frente Popular. Tenía enemigos muy poderosos, que sin lugar a duda deseaban su muerte. Últimamente se sentía amenazado y tenía la seguridad absoluta del peligro en que corría su vida. No obstante, nunca dio muestras de miedo. Pensó en sus padres, en su mujer y en sus cuatro hijos. Y se puso a ensayar mentalmente las palabras que iba a utilizar para mostrar sus quejas ante el Director General de Seguridad.

*Capítulo 11*

# VENGANZA

*Guardia de Asalto y Guardia Civil.*
*Madrid, 13 de julio de 1936.*
*Cinco días antes del inicio de la Guerra Civil.*

La camioneta número 17, a gran velocidad, dejó la calle de Velázquez para tomar la de Alcalá. En la esquina el conductor frenó. Había establecido un control policial. Reconocieron al teniente Barbeta de la Guardia de Asalto que mandaba el dispositivo operativo. Era un oficial de su misma compañía. No les entretuvo, les franqueó el paso rápidamente. En el vehículo todos los ocupantes permanecían en silencio. Al detenido se le veía tranquilo. El conductor debía tener instrucciones precisas, porque seguía un itinerario sin que nadie le hiciera indicación alguna. El vehículo oficial circuló por las calles de Ayala, Padilla y Juan Bravo a una velocidad endemoniada. De pronto, se oyó un disparo, un estruendo seco que rebasó en muchos decibelios el ruido del motor. Luís Cuenca, "El Cubano", que viajaba en el asiento de atrás de Calvo Sotelo, le había disparado en la cabeza. El impacto lo había hecho de abajo a arriba, en la nuca, tal vez para no herir a los que iban delante si hubiera hecho un disparo horizontal que hubiera atravesado la cabeza al detenido. El capitán Condés, el conductor de la camioneta y los que iban en los asientos delanteros, ni se volvieron siquiera a mirar. Nadie, absolutamente nadie, dijo una palabra. Los efectos del disparo fueron instantáneos. Cayó el señor Calvo Sotelo, desplomándose entre los bancos, mientras la camioneta seguía su camino cada vez a más velocidad. Sonó un segundo disparo. "El Cubano" había rematado en el suelo del vehículo al diputado derechista, para lo cual tuvo que inclinarse bastante hacia adelante. El cadáver sangraba abundantemente en la camioneta de la Guardia de Asalto, formando un charco de sangre que todos eludían para no mancharse los zapatos ni pisarlo.

*—Por fin ha caído uno de los asesinos de Castillo.*

Varios de los pasajeros empujaron con pies y manos el cadáver debajo de los asientos. Tardaron solo unos minutos en llegar al Cementerio del Este. En los arcos de la entrada se encontraban dos guardas o enterradores fumando un pitillo. Del vehículo bajaron el capitán y el guardia Del Rey.

*—Traemos el cadáver de un hombre. Un sereno lo ha encontrado en la calle con dos tiros en la cabeza.*
*—Como es habitual, mañana recibiréis la documentación referente a este individuo.*
*—Perfecto.*

Los guardas del cementerio Esteban Fernández y Daniel Tejero, fueron testigos de cómo sacaron al cadáver de la camioneta. Estaba encajado entre los asientos. Tiraron de él con fuerza. Estaba enganchado, empotrado. Tuvieron que moverlo varias veces a derecha e izquierda. El traje gris e impoluto con el que Calvo Sotelo salió de su casa estaba empapado en sangre. El charco rojo que se había formado dejó un rastro por todo el suelo del vehículo, cuando arrastraron al muerto. Cuatro hombres trasportaron al fallecido cogiéndolo cada uno por una de las extremidades. Un quinto hombre cogió el sombrero del finado. Lo depositaron bajo los arcos de la entrada del cementerio, en un rincón que olía a orines concentrados. El cadáver quedó tendido boca arriba con las piernas cruzadas. Uno de los paisanos le echó una manta negra encima, tapándola la cabeza y parte del pecho. Tiraron su sombrero de fieltro al lado izquierdo del cuerpo.

La camioneta 17 de la Guardia de Asalto, con todos sus ocupantes a bordo, se dirigió al cuartel de Pontejos. El silencio era total. Todos se enfrascaron en sus pensamientos. Ni un comentario. Orencio Bayo, el guardia conductor, sudaba abundantemente. Tenía la cara congestionada, roja y los ojos se le salían de las órbitas. Preguntó:

*—Supongo que nadie de los aquí presentes nos delatará.*
*—Nadie hablará. Todos estamos en el mismo barco.*
*—Si alguien lo hace es un suicida. Lo mataríamos como a este perro fascista.*

Llegaron al cuartel y al bajarse del vehículo se separaron casi sin despedirse. Los cuatro hombres de “La Motorizada” se marcharon todos juntos. Uno de los guardias se llevó el vehículo al lavadero para limpiar la sangre que había corrido por todos los bajos de los asientos. El capitán Condés, el guardia José del Rey y Luís Cuenca, apodado “El Cubano” o “El Pistolero”, subieron al despacho del comandante Burillo. Allí les esperaba también el teniente coronel, jefe de la Guardia de Asalto, Sánchez Plaza. Salieron a los pocos minutos y se marcharon hacia la calle.

Unas cuatro horas después del asesinato, a las ocho de la mañana, Luis Cuenca, "El Pistolero", autor material de los disparos se había dirigido a la sede del diario "El Socialista". Julián Zugazagoitia, editor del diario y diputado socialista del sector de Indalecio Prieto, estaba en su despacho. La joven y bella secretaria anunció la visita. El hombre presentaba un aspecto cansado y con grandes ojeras en su rostro, como de no haber dormido en varias noches. Aquel miembro de "La Motorizada" era una especie de confidente del periodista. Éste pensó que le traía alguna noticia que se convirtiera en exclusiva para su periódico, como otras veces había hecho.

*—Esta noche la hemos preparado gorda. Hemos "dado matarile" a uno de los fascistas que ordenó matar a Castillo. A Calvo Sotelo, uno de los mayores conspiradores contra la República.*

*—¡Joder! ¡Ese atentado es la guerra! ¿Qué habéis hecho? ¡Sois unos insensatos!*

Cuenca pensó que el editor alabaría su acción. Se marchó del periódico indignado y a la vez preocupado. No solo no le había felicitado por acabar con uno de los jefes del fascismo, sino que le había afeado su acción "patriótica".

Zugazagoitia pidió a su secretaria que le contactara telefónicamente con su líder político, Indalecio Prieto, que estaba de vacaciones en Bilbao.

*—Buenos días, Don Indalecio. El motivo de mi llamada es para comunicarle que miembros de la Motorizada han asesinado esta madrugada a Calvo Sotelo. La situación es gravísima. Creo que debe usted tomar el primer tren para Madrid, aquí puede ser necesaria su presencia.*

Eran las ocho y media de la mañana cuando el capitán Condés se presentó en la sede del PSOE, en la calle Carranza. Se encontró con uno de los muchachos a los que él instruía por las tardes en táctica de guerrilla urbana.

*—¡Salud camarada!*

*—¿Hay alguien arriba?*

*—No. Casi todos los dirigentes están fuera de Madrid. Prieto y Lamoneda están de viaje. Dentro de un rato vendrá* **Juan Simeón Vidarte. (27)**

*—Le esperaré.*

Condés tenía un nudo en la garganta que le ahogaba. Sentía una angustia vital que le nublaba sus pensamientos. Un nubarrón negro cubría su alma. Estaba pálido, descompuesto. Sus ojos enrojecidos, por haber pasado una noche en vela, delataban no solo el cansancio sino también una gran preocupación.

Vidarte llegó a la sede como siempre muy puntual. Saludó al joven de la puerta que le indicó que el capitán de la Guardia Civil, instructor de milicias le esperaba. Se sorprendió tener esa visita tan temprano. Estimó que estaba allí por algo importante.

*—¡Salud! ¿Qué te trae por aquí tan temprano? Tienes muy mala cara. ¿Qué te pasa?*
*—¡Ha pasado algo terrible! ¡Anoche matamos a Calvo Sotelo!*
*—¡Hostias!*
*—No era mi intención acabar con su vida. Sólo pretendía detenerle y acusarle de ser autor intelectual de la muerte del teniente Castillo. También habíamos planificado secuestrar a Antonio Goicoechea y a Gil Robles. Pero venían con nosotros cuatro de "La Motorizada": Santiago Garcés, Federico Coello, Francisco Ordóñez Peña y Luís Cuenca, "El Pistolero". En el camino hacia Pontejos, éste le disparó en la nuca y...*
*—Lo que habéis hecho es repugnante. No tiene nombre. No hay escusas. Habéis matado a un diputado como a un perro. Sea quien sea, es un diputado y además de prestigio.*
*—¡Joder! ¿Acaso la vida de Calvo Sotelo vale más que las de Faraudo y Castillo o la de cualquiera de los compañeros que están asesinando los falangistas? ¿Qué hago yo ahora? ¿Cuál es tu consejo como abogado? Porque quiero que seas mi abogado en caso de que nos descubran y me detengan.*
*—No puedo defenderte. Lo siento. Va contra mis principios morales. Este asesinato va a ser aprovechado contra el Gobierno y contra el Frente Popular.*
*—¿Debo entregarme?*
*—Yo te he oído como un confesor o como un abogado escucha al reo y no me considero facultado para tomar una decisión de esa importancia. Aunque tú no hayas sido el autor material del asesinato, eras el que mandabas el grupo y tu responsabilidad penal es la misma. No obstante mi consejo es que no te entregues, al menos todavía. Busca un lugar donde ocultarte y espera a ver qué pasa en los próximos días. ¿Has pensado en algún sitio?*

*—Hablaré con Margarita Nelken. En su domicilio estaré a salvo. Allí no irán a buscarme. Es diputada y goza de inmunidad parlamentaria. Además uno de los hombres de su escolta, José del Rey, iba conmigo en la camioneta.*

Condés pidió telefonear a Indalecio Prieto para contarle lo sucedido. Lo hizo desde el despacho en el que estaban. Contó lo sucedido con todo lujo de detalles. Al otro lado del hilo telefónico su interlocutor recibió la noticia sin inmutarse. Ya alguien le había informado con toda seguridad.

*—Estoy en un callejón sin salida. Estoy pensando pegarme un tiro y acabar con esto.*
*—¿Suicidarte? Sería una estupidez manifiesta. Vas a tener ocasión de sacrificar tu vida como un héroe al servicio de la República. Estaremos en guerra dentro de unos días, de unas horas.*

Y colgó.

## *Capítulo 12*
# LA BÚSQUEDA DESEPERADA DE CALVO SOTELO

Enriqueta Grondona, esposa de Calvo Sotelo, permaneció durante muchos minutos en estado de shock, un cóctel de ansiedad, nervios y depresión. No podía reaccionar ante los acontecimientos que estaba viviendo. Alguien del servicio le trajo una tila. Poco a poco fue recuperando la tranquilidad y el sosiego. Pidió que le trajeran una agenda donde tenía escritos los números de teléfonos de los familiares y amigos. Decidió llamar a Arturo Salgado Biempica, secretario y amigo de su marido. La esposa de éste era una mujer con la que mantenía una larga amistad. Entre sollozos, habló de manera entrecortada sin dar demasiadas explicaciones.

*—Arturo, soy Enriqueta. Mi marido ha sido detenido, se lo han llevado unos guardias a la Dirección de General de Seguridad.*
*—Tranquilízate, Enriqueta. Voy para allá enseguida.*

René, la institutriz francesa, cogió el teléfono nada más colgar la señora de la casa. Llamó a los dos hermanos de don José y les informó con detalle de la situación.

En pocos minutos llegó el matrimonio Salgado al domicilio de la calle Velázquez. Ya hacía una hora que se habían llevado al dueño de aquella casa y no había noticias de su paradero.

Decidieron llamar a la Dirección General de Seguridad.

*—Telefonista, póngame con el Director General de Seguridad, soy la señora de don José Calvo Sotelo.*
*—Don Alonso Mallol está descansando, son las cuatro de la madrugada. Le paso con el comandante de guardia en esta Dirección General.*
*—Comandante Burillo al aparato, dígame.*
*—Quiero saber el paradero de mi marido. Unos guardias se lo llevaron a esa Dirección General.*
*—Aquí no sabemos nada de ese asunto. Lo que usted me está contando me parece increíble. Los guardias no van por las casas de los ciudadanos sacándolos de la cama para llevárselos detenidos. No creo que los que se*

*han llevado a su marido sean guardias. Quizás su marido se ponga en contacto con usted en las próximas horas, tenga un poco de paciencia. Buenas noches señora.*

Los hermanos de Calvo Sotelo tardaron muy poco en llegar. Luís y Joaquín, abrazaron a su cuñada que era un mar de lágrimas. No tenía consuelo. La llegada de dos compañeros de partido de su marido hizo que aquella mujer recobrara la compostura por unos minutos. Andrés Amaro y Pedro Sainz Rodríguez eran, además de compañeros, amigos del desaparecido.

Tras varias gestiones infructuosas los dos recién llegados, el secretario de Calvo Sotelo y sus dos hermanos decidieron dirigirse a la Dirección General de Seguridad, en plena Puerta del Sol. Empezaba a amanecer.

Los cinco hombres fueron recibidos por el subsecretario Bibiano Fernández Osorio y Tafall.

*—No nos consta en este Ministerio que el señor Calvo Sotelo haya sido detenido.*

*—Pero hay varios testigos de la familia y guardias de seguridad de servicio en el domicilio que aseguran que se lo llevaron en la camioneta número 17 de la Guardia de Asalto.*

*—En esa camioneta se encontraron esta noche restos de sangre y se va a investigar para aclarar los hechos.*

*—Los guardias que utilizaron anoche la camioneta deben ser detenidos preventivamente.*

*—Me temo que inmediatamente no va ser posible, ya que están prestando servicio en este momento en las embajadas. Pero no se preocupen, no hay riesgo de fuga de esos guardias.*

En casa del Presidente de las Cortes, don Diego Martínez Barrio, el teléfono sonó insistentemente durante varios minutos. Eran las cinco de la mañana y todos dormían en aquel domicilio. El matrimonio había hecho la tarde anterior un largo y fatigoso viaje desde una finca de Valencia a Madrid. La mujer del Presidente se levantó y se dirigió al salón para contestar a la llamada telefónica.

*—Buenas noches, soy el conde de Vallellano y diputado Fernando Suárez de Tangil. Perdone que llame a estas horas, pero es algo sumamente importante.*

*—Soy la esposa de don Diego. Mi marido duerme, ayer regresamos de un largo viaje.*
*—Necesito urgentemente hablar con él personalmente.*
*—Dígame el recado y yo se lo comunicaré mañana, nada más despertarse.*
*—Dígale que no deje de telefonearme de manera urgente. Alguien hace tres horas ha secuestrado a mi compañero de partido don José Calvo Sotelo. Se lo han llevado de su casa y se desconoce su paradero. La situación es muy grave.*

El conde, tras la llamada intentó localizar al Vicepresidente de las Cortes, Luís Jiménez de Asúa, sin conseguirlo. Decidió telefonear al Director General de Seguridad.

*—Alonso, soy el conde de Vallellano. ¿Sabes por qué te llamo?*
*—Creo que sí. A tu amigo Pepe quizás lo hayan asesinado. Era un provocador y su discurso era el de un extremista sin filtros.*
*—Habéis perpetrado un asesinato oficial. Sois un gobierno de asesinos.*
*—Eso no te lo tolero. Mandaré a la Fuerza Pública a detenerte por calumnias.*
*—Aquí esperaré a tus guardias, pero que te conste que no les voy a recibir como lo hizo mi amigo don José Calvo Sotelo.*

La comunicación se interrumpió. El diputado, fuera de sí, bajó al piso inferior de su domicilio donde estaba su despacho y abrió un cajón del escritorio, cerrado con llave. En el interior había dos pistolas y varias cajas de munición.

Tomó la más pequeña, introduciéndola en el bolsillo, empuñó el arma más grande, cogiendo también dos cajas de munición y subió a su domicilio a esperar acontecimientos.

Sonó el teléfono.

*—Soy Diego Martínez Barrio. Estoy consternado por lo que me acaban de contar. ¡Un diputado secuestrado! No me lo puedo creer. Ya le he dicho al presidente del Gobierno y al ministro de la Gobernación que todos los guardias disponibles busquen a don José por Madrid y por todas las carreteras. Le mantendré informado cada hora y antes si hubiera laguna novedad.*
*—Al cadáver de mi amigo tienen que buscarlo en los colectores del río Manzanares o sitios semejantes.*

Martínez Barrio tomó su estilográfica redactando una nota para Casares Quiroga que fue llevada a Presidencia por el Oficial Mayor del Congreso. La nota decía textualmente: «*Enterado por el señor diputado don Fernando Suárez de Tangil de que el también diputado don José Calvo Sotelo ha sido detenido esta madrugada, me dirijo a V.E. para que tenga a bien comunicarme lo ocurrido y manifestarle al propio tiempo que si la detención ha sido ordenada por autoridad competente y no hubiera sido en caso de in fraganti delito, con arreglo al artículo 56 de la Constitución, debe ser puesto inmediatamente en libertad*».

El diputado de la CEDA Geminiano Carrascal llamó por teléfono al presidente de su grupo parlamentario José María Gil Robles que se encuentra en Biarritz para darle la noticia del secuestro de Calvo Sotelo. En pocos minutos el líder derechista salía para Madrid.

Hacia las nueve de la mañana el director del cementerio del Este era informado por dos sepultureros de guardia de que una dotación de la Guardia de Asalto había llevado de madrugada un cadáver sin identificar y que éste se encontraba en el depósito. Decidió llamar al concejal responsable del área de cementerios para comunicarle dicha novedad.

El alcalde Pedro Rico, perteneciente al ala derechista de Unión Republicana, llamó a su despacho a dos de sus concejales: Aurelio Regúlez e Isidro Buceta.

> *—Quiero que vayáis al cementerio del Este y comprobéis si un cadáver que ha llevado allí esta madrugado la Guardia de Asalto es el del diputado Calvo Sotelo.*

Cuando los dos ediles llegaron al cementerio se encontraron en la puerta a los hermanos de Calvo Sotelo, acompañados de Paco Grondona, cuñado del desaparecido, y de los diputados monárquicos Andrés Amado y Pedro Sainz Rodríguez. Poco después se presentó en el cementerio una multitud de periodistas, entre ellos Santos Alcocer, reportero del diario católico Ya.

En la sala de autopsias se encontraba el comisario Aparicio al que el Director General de Seguridad, Alonso Mallol había encomendado también la tarea de identificar el cadáver. El jefe de policía confirmó la identidad del cadáver: Era sin lugar a dudas el de don José Calvo Sotelo.

Alonso Mallol tras informar al gobierno que ese momento se encontraba reunido llamó por teléfono al general Pozas, general inspector de la Guardia Civil, para impartirle algunas órdenes.

*—General, soy Alonso Mallol.*
*—A sus órdenes, Director.*
*—Disponga lo necesario para que unidades de la Guardia Civil se dirijan al cementerio del Este para mantener el orden en la zona. Ha aparecido el cadáver de Calvo Sotelo en ese lugar. Se están concentrando muchas personas de derechas, familiares y algunos políticos.*
*—Pero, eso es competencia de la Guardia de Asalto.*
*—Lo sé, pero prefiero que sea la Guardia Civil la que se encargue de esta misión para evitar incidentes de la gente de derechas con los de Asalto.*
*—A sus órdenes, Director.*

Los diputados monárquicos pidieron al gobierno que la capilla ardiente se instalara en el edificio de las Cortes y, si esto no era posible, en la Academia de Jurisprudencia, de la que Calvo Sotelo era presidente. El gobierno denegó el permiso.

El presidente de las Cortes Martínez Barrio se encontró una nube de periodistas cuando salió del edificio del Congreso a las nueve de la noche.

*—Don Diego ¿Cuál es la razón por la que no se ha instalado la capilla ardiente de Calvo Sotelo en este edificio?*
*—Por tratarse de un paso peligroso, pues, aunque se tomaran todas las precauciones que el Gobierno tiene en su mano, puede haber siempre elementos interesados en perturbar la normalidad. Así que la cámara mortuoria se instalará en el depósito del cementerio del Este, el mismo lugar donde fue hallado el cadáver.*
*Además creo que a unos doscientos metros de ese lugar está el mausoleo de la familia Calvo.*
*—¿Puede usted decirnos que heridas presentaba el cadáver?*
*—Sí, según me ha informado el presidente del Gobierno en persona, la muerte de Calvo Sotelo fue producida por arma de fuego y no por arma blanca, como se había afirmado.*
*—¿Cuándo se podrá velar el cadáver?*
*—El Gobierno ha decidido que hasta las 11 de la mañana del martes día 14 no se instalará la capilla ardiente, tras haberse practicado la autopsia.*

## *Capítulo 13*

# CULPABILIDAD

*Guardia de Asalto y Guardia Civil.*
*Madrid, 13 de julio de 1936.*
*Cinco días antes del inicio de la Guerra Civil.*

Diego Martínez, redactor del ABC, se dirigió a calle Velázquez, número 89. Gran número de automóviles estaban aparcados en las inmediaciones de aquel domicilio. Subió hasta el tercer piso. En las escaleras se cruzó con algunos colegas de otros periódicos.

*—La familia está consternada. No reciben a nadie. Arriba eso parece una feria. Ahí están prácticamente todos los diputados de derechas del Congreso. Está Yanguas, Callejo, Amado, Carrascal,...*

Martínez decidió salir a la calle a esperar la salida de alguno de aquellos diputados y solicitarle una entrevista. No podía volver a la redacción de su periódico con las manos vacías. Encendió un cigarrillo para matar el tiempo. No le había dado dos caladas cuando apreció por la puerta del portal del edificio, Amado, diputado y amigo de don José Calvo Sotelo. Apagó el cigarrillo y se dirigió a él estilográfica y libreta en mano.

*—¿Podría usted concederme unos minutos, señor Amado? ¿Qué se sabe del posible secuestro de Don José?*
*—Ayer domingo sé que Calvo Sotelo estuvo en Galapagar con su familia. Llegó a casa a las seis de la tarde y les dijo a los policías de su escolta que se marcharan hasta hoy a las doce de la mañana. Por la tarde estuve en esta misma casa con él y varios compañeros, de partido y de tertulia. Estuvimos hablando en animada conversación y sin darnos cuenta nos dieron las diez y media de la noche. Don José miró el reloj y en tono jocoso nos dijo: "Señores les dejo la llave de mi casa. El último en marcharse que cierre la puerta, yo me marcho al comedor a cenar, mi familia me espera". Reímos la ocurrencia y nos despedimos hasta el día siguiente. A las tres*

*y cuarto de la madrugada me llamó la señora de Calvo Sotelo alarmada por la forma tan extraña en la que su marido había sido detenido. Inmediatamente me puse en marcha para averiguar lo que podía haberle ocurrido. Llamé telefónicamente a Goicoechea y a Gil Robles, que estaba de vacaciones en un pueblo de Asturias. Gil Robles ha salido esta misma mañana para Madrid y llegará esta noche. Los hechos son muy graves. Los secuestradores impidieron que don José llamara por teléfono. Le sacaron materialmente de la cama y se lo llevaron en una camioneta de la Guardia de Asalto. Lo ha confirmado su familia y los guardias que prestan servicio en este portal.*

El redactor agradeció a su entrevistado la atención que le había prestado y tomó un taxi camino del periódico para elaborar su crónica.

Cuando Diego Martínez llegó al periódico y subió al despacho del director, éste le estaba esperando.

—*Supongo que habrás confirmado la noticia del secuestro de Calvo Sotelo.*

—*Así es.*

—*Acabamos de enterarnos que ha aparecido un cadáver con signos de violencia en el cementerio de la Almudena. Podría ser el diputado secuestrado. Coge un taxi y vete para allá.*

Cuando el redactor llegó al cementerio del Este vio que varios guardias acordonaban la zona. Impedían el paso y los accesos permanecían cerrados y custodiados. Unos curiosos comentaban tras el cordón policial que a las cuatro de la mañana llegó al cementerio una camioneta con varios guardias de asalto que dejaron allí el cadáver. Iba indocumentado. Al parecer era un hombre de unos cuarenta y cinco años, tal vez un sereno al que sus asesinos quisieron silenciar por haber visto algo durante la madrugada que les comprometía. El juez de guardia, don Ursicino Gómez Carbajo del juzgado de Primera Instancia e Instrucción número 3 de Madrid, había sido informado de los hechos. A este juzgado le había correspondido, días antes, instruir el sumario por el asesinato del teniente Castillo. También había instruido las diligencias en las que se decretó la detención de la Junta Política de Falange Española.

A las nueve y media de la mañana del lunes día 13 había llegado al Juzgado en funciones de guardia, un oficio procedente de la Dirección General de Seguridad en el que se daba cuenta de la desaparición del diputado señor Calvo Sotelo.

Escuetamente, el documento informaba de que había sido secuestrado en su domicilio. Concluía diciendo que la Primera Brigada Criminal estaba haciendo gestiones para dar con su paradero. El secretario judicial Pedro Pérez Alonso y el oficial habilitado Emilio Macarrón se hicieron cargo del documento, comunicándoselo inmediatamente al juez.

Media hora después tenía entrada en el mismo órgano judicial un segundo documento en el que se informaba que el secuestro se había llevado a cabo por unos desconocidos que se lo habían llevado en una camioneta. Los testigos eran el portero de la finca y los dos guardias del cuerpo de Seguridad que prestaban habitualmente servicio en el portal del domicilio del diputado desaparecido.

Los dos guardias que custodiaban el domicilio de Calvo Sotelo llegaron al juzgado custodiados por cuatro de sus compañeros. Sus caras reflejaban mitad preocupación y mitad consternación. El juez los recibió con bastante frialdad.

*—Estamos ante un caso muy grave. ¿Supongo que ustedes serán conscientes de ello? Quiero que me cuenten con detalle que ocurrió la pasada madrugada en el domicilio de don José Calvo Sotelo donde ustedes prestaban servicio.*

Los dos guardias explicaron pormenorizadamente que la detención se produjo a altas horas de la madrugada y que la había llevado a cabo un destacamento de guardias de Asalto que había llegado allí en una camioneta oficial, cuyo número no recordaban, y que el grupo estaba bajo las órdenes de un capitán de la Guardia Civil que les mostró su documentación.

El juez Gómez Carbajo ordenó la detención provisional de los dos guardias y abrió inmediatamente diligencias previas, iniciando el sumario. La siguiente diligencia del sumario fue ordenar a la Primera Brigada Criminal que trajera al juzgado a los guardias de asalto que estuvieron de servicio esa noche en el cuartel de Pontejos, tras haber averiguado que desde él habían salido varias camionetas durante la madrugada. También ordenó que citaran al juzgado al portero de la finca de Calvo Sotelo y todos los testigos que había en la casa en el momento del secuestro que no fueran familiares de la víctima.

*—Señoría acaban de traer al guardia de asalto, conductor Orencio Bayo Cambronero.*
*—Le tomaré declaración inmediatamente.*

*¿Es usted el conductor habitual de la camioneta 17 de Guardia de asalto con sede en el cuartel de Pontejos?*
*—Sí, señoría*
*—¿Estuvo usted se servicio la madrugada pasada?*
*—No, señoría.*
*—¿Entonces, usted no condujo la camioneta número 17 esta pasada madrugada?*
*—Yo aparqué ayer la camioneta en su sitio habitual y esta mañana estaba en un lugar diferente a donde yo la dejé.*

Sobre las once, llegó al juzgado de guardia una tercera comunicación oficial: En el depósito del cementerio del Este había aparecido un cadáver que podría ser el de don José Calvo Sotelo. El juez interrumpió la declaración de uno de los guardias y solicitó al conductor que le llevara al cementerio de la Almudena. Antes dio órdenes a la Primera Brigada de Investigación Criminal para que localizara la camioneta número 17 de la Guardia de Asalto y la incautaran. Ordenó también que se citara a los guardias de asalto que habían prestado servicio la noche de autos en Madrid.

Don Urcisino Gómez Carbajosa era un juez de prestigio, era serio en el trabajo, recto en su proceder e imparcial en sus sentencias. Llevaba dos años como titular del juzgado de instrucción número 3. Pretendía investigar aquel hecho, que le pareció repugnante, hasta sus últimas consecuencias, cayera quien cayera. Sabía que se estaba enfrentando a un crimen político de envergadura, pero no se achantó.

Eran las tres menos cuarto de la tarde cuando el vehículo en el que viajaba el juez llegó al cementerio del Este, al que don Urcisino seguía llamando de la Almudena, a pesar que con el advenimiento de la República "laica" se le había cambiado el tradicional nombre. Los forenses ya habían hecho un trabajo previo e informaron verbalmente al juez. El cadáver era el de don José Calvo Sotelo, diputado y líder de Renovación Española. Presentaba dos impactos de bala en la cabeza. Uno de los proyectiles había salido por el ojo izquierdo, el otro estaba alojado en el cerebro. Una vez hecho el levantamiento del cadáver, su señoría ordeno al conductor que se dirigiera al cuartel de Pontejos. Su objetivo era localizar e inspeccionar la camioneta utilizada en el crimen y a los que la habían utilizado.

Llegaron al cuartel ya bien entrada la tarde. Se identificaron a la entrada. Uno de los guardias de la puerta acompañó al juez hasta el despacho del comandante

Burillo. Éste recibió a don Urcisino con mucha frialdad. El juez se había presentado de improviso y eso contrarió sobremanera al comandante. No le gustaba que la autoridad judicial pudiera investigar la actuación de sus hombres. Se consideraba como un padre protector de sus subordinados. A petición del juez bajaron al patio donde se encontraban aparcadas las camionetas. Se fueron directos a la número 17. Estaba exteriormente más limpia que las demás. Por dentro había sido también lavada con mucho esmero. En la inspección ocular el juez se fijó en hendiduras y uniones de piezas metálicas y de madera del piso del vehículo. Se apreciaba a simple vista que allí no había llegado la bayeta utilizada para limpiar. Se apreciaban unas manchas rojizas.

*—Que este vehículo sea trasladado inmediatamente a los sótanos del juzgado. Quiero que sea inspeccionado a fondo por los forenses. Y usted comandante, hágame llegar urgentemente la relación de guardias de asalto que utilizaron anoche esta camioneta.*
*—El vehículo será trasladado, pero facilitar los nombres de los que utilizaron esta camioneta anoche será complicado. El vehículo no está adscrito a un grupo concreto.*

El juez instructor solicitó el libro de servicios de la 2ª Compañía, a la que pertenecía el teniente Castillo y ordenó su incautación. Comprobó in situ que los nombres de los Policías de Servicio de la noche del 12 al 13 no habían sido anotados, como era preceptivo.

El comandante Burillo estaba tratando de encubrir a alguno de sus hombres y el juez lo sabía. No estaba dispuesto a dar los nombres concretos que le había pedido.

El juez ordenó organizar una rueda de reconocimiento con los guardias de Asalto de la compañía del teniente Castillo y además llamó a declarar al capitán Máximo Moreno y al teniente Alfonso Barbeta. De este interrogatorio el juez sólo obtuvo evasivas. Ambos negaron haber estado de guardia la noche anterior y que por tanto nada sabían del asunto. El juez intuía que ambos estaban entorpeciendo las investigaciones de manera descarada.

El teniente Barbeta, de la Guardia de Asalto, ordenó que todos los miembros de la compañía que prestaron servicio la madrugada anterior formaran para la revista. Había gran preocupación entre los guardias. Sabían que la autoridad judicial estaba investigando y ninguno quería ser interrogado. El oficial se dirigió a sus hombres.

*—Al romper filas; todos los presentes debéis acompañarme para una rueda de reconocimiento. Ricardo Cruz, Mariano García, José del Rey, Aniceto Castro, Esteban Seco, Francisco Conde y Bienvenido Pérez; diríjanse al cuerpo de guardia. ¡Rompan filas! ¡Ar!*

Ante la institutriz, los dos guardia de seguridad que prestaban servicio en el domicilio de la víctima, el botones y las dos sirvientas de Calvo Sotelo, testigos de los hechos que se pretendían esclarecer, fueron desfilando los guardias de la compañía para ver si reconocían a los que habían detenido al señor de la casa la madrugada anterior. Las tres personas coincidieron en el reconocimiento, sin ningún género de duda, del guardia conductor de la camioneta Orencio Bayo. El juez tuvo el firme convencimiento de que aquel guardia le había mentido minutos antes y ordenó mantenerle bajo arresto.

Mientras en el cuerpo de guardia Barbeta tranquilizaba a sus hombres.

*—No os preocupéis. No os pasará nada. Vosotros habéis cumplido órdenes, que por cierto procedían de "muy arriba".*

En los sótanos del juzgado los peritos médicos forenses, doctores Piga y Águila Collantes, confirmaron la sospecha del juez. Las manchas eran de sangre.

A las nueve de la noche el juez Gómez Carbajo suspendió la rueda de reconocimiento con la intención de reanudarla al día siguiente. A pesar de la hora decidió ir al domicilio de Calvo Sotelo para realizar una inspección ocular e interrogar a la familia. Habló con la viuda cuyo testimonio coincidió totalmente con lo declarado por la institutriz y las personas de servicio.

Cerca de la medianoche volvió al Juzgado de Guardia donde le estaba esperando el magistrado del Tribunal Supremo Eduardo Iglesias Portal, que había sido nombrado por el Gobierno juez especial del caso. A partir de ese momento este juez se iba a hacer cargo del sumario *del asesinato de Calvo Sotelo.*

El Consejo de Ministros estuvo reunido todo el día con una breve pausa para la comida. Ninguno de sus miembros hizo declaraciones ante la nube de periodistas que esperaban con ansiedad informativa las noticias de las decisiones que el gobierno, en buena lógica, tomaría. A las nueve menos diez de la noche concluyó la interminable y agotadora reunión. Los periodistas con una avidez informativa inusual rodeaban a los ministros a medida que iban saliendo de la sala donde habían estado deliberando. Ni una declaración. Les repartieron una extensa nota de prensa donde se podían leer términos como: "hechos de notoria gravedad", "sinceras y encendidas protestas" "Se procederá con la mayor energía y severidad"... la nota concluía informando de que se habían practicado ya múltiples detenciones y de que se habían designados dos jueces especiales para instruir los sumarios de los casos de los asesinatos del teniente Castillo y del diputado Calvo Sotelo. Eran los magistrados del Tribunal Supremo Sánchez Orbeta e Iglesias Porta.

En una mesa casi en penumbra de un restaurante de mala muerte de la calle Carranza, dos hombres cenaban. Uno de ellos era Luís Cuenca, el otro un militante de izquierdas entrado en años y en kilos. Los demás comensales eran, por su aspecto, obreros industriales, albañiles y empleados de algún comercio próximo.

Luis Cuenca hablaba sin dejar intervenir a su interlocutor, cada vez con más volumen. Había consumido al menos una botella y media de vino peleón.

En una de las mesas varios individuos comentaban en voz alta la noticia de la tarde que acababan de leer en la edición especial que había publicado el diario vespertino conservador "Ya" sobre la muerte de Calvo Sotelo.

Luís Cuenca, con voz aguardentosa, al oír los comentarios de sus vecinos de mesa comenzó a vociferar.

*—Ese periodista no tiene ni puta idea de lo que habla. Yo sé bien cómo murió ese fascista...*

Su compañero intervino inteligentemente.

*—Luís, tú estás borracho y no sabes lo que dices. ¡Cállate de una puta vez y termínate la sopa que se enfría!*

A primeras horas de la mañana del día siguiente, martes 14 de julio, Antonio Piga Pascual, acompañado de otros tres médicos forenses, realizaron la autopsia del cadáver de Calvo Sotelo. Certificaron que presentaba dos orificios de bala en la región occipital producidos por dos disparos «hechos a bocajarro, casi simultáneamente», con una pistola del «nueve corto» y que la posición del asesino era «en un plano posterior y a nivel del agredido». Uno de los proyectiles quedó alojado en el cerebro y el otro salió por la región orbital izquierda. Certificaron asimismo que la muerte fue instantánea por «síncope bulbar de origen traumático» y que el cadáver no presentaba ninguna herida o magulladura que pudiera indicar que hubiera habido una lucha en la camioneta, desmintiendo un reportaje sensacionalista aparecido en la prensa. Estos mismos forenses habían comprobado que la sangre hallada en la camioneta pertenece al mismo grupo serológico ABMN que el del difunto.

Dos empresarios e industriales influyentes, José Luís Oriol y José Félix de Lequerica, conversaban en los salones del club privado al que pertenecían. Ambos pertenecían al Bloque Nacional, organización política impulsada por Calvo Sotelo. El primero leía las noticias del ABC y las comentaba en voz alta con su colega y amigo.

*—Todos los españoles de bien estamos consternados con este crimen. Se ha llegado demasiado lejos. Han acabado con nuestra paciencia. La gente está horrorizada. Con este gobierno ninguno de nosotros estamos seguros.*
*—Lo peor de todo es que el Estado no es capaz de controlar ni a las propias fuerzas de seguridad. Estamos ante un Estado fallido.*
*—Creo que la sublevación militar, de la que últimamente se habla, va a ser inevitable. Me gustaría conocer de primera mano que piensan Mola, Franco y los demás generales.*
*—Un golpe militar sería terrible, pero cada vez más necesario. España se va a llenar de cadáveres. Esto creo que no ha hecho más que empezar.*

Los dos hombres no eran conscientes de que estaban adivinando el futuro inmediato de España.

## *Capítulo 14*

# CRISTIANA SEPULTURA

*Madrid, 14 de julio de 1936.*
*Cuatro días antes del inicio de la Guerra Civil.*

A las ocho de la mañana abandonaban el depósito de cadáveres del cementerio del Este el equipo forense. La Guardia Civil impedía el paso al recinto del cementerio. Amigos del finado permanecían en la puerta de aquel camposanto. Caballeros ilustres y políticos de derechas en sus lujosos automóviles habían ido llegando al lugar. La noche anterior, amigos de la familia del asesinado diputado habían solicitado hacerse cargo del cadáver para poderlo velar. El juez les explicó que no se podía atender a su petición hasta que la autopsia no hubiera concluido a la mañana siguiente. Por fin se le podría dar cristiana sepultura al líder político. Se fijó el entierro para la hora taurina en España, las cinco de la tarde.

En el domicilio de la calle Velázquez, Doña Enriqueta, la viuda, estaba atendida en su inmenso dolor por un médico amigo de la familia y algunas íntimas amigas. En los primeros momentos le habían engañado piadosamente, diciéndole que su marido estaba detenido en la Dirección General de Seguridad. Hasta las cuatro de la tarde, doce horas después del asesinato, no le dijeron la verdad. Los cuatro hijos; dos niñas y dos niños, de diecisiete, quince, doce y diez años de edad; permanecían en silencio en uno de los dormitorios con su institutriz. Desde primeras horas de la mañana de aquel 14 de julio, aquella casa se convirtió en un lugar de peregrinación. Desfilaron personas de todas las clases sociales, pero sobre todo personalidades de la política, aristócratas y profesionales liberales de todo Madrid. La llegada a medio día de un anciano al domicilio elevó al máximo los sentimientos tristes en el lugar. Era el padre de don José Calvo Sotelo. A pesar de su delicado estado de salud, quiso estar junto a su nuera y sus nietos compartiendo el inmenso dolor.

Desde mediodía las inmediaciones del cementerio de Nuestra Señora de la Almudena (Cementerio del Este) estaban abarrotadas de un gentío variopinto. Acudían a rendir un póstumo homenaje al insigne político. Una compañía de la Guardia Civil al mando de su capitán estaba desplegada en la zona. En los accesos al recinto, guardias civiles a caballo mantenían el orden. En un despacho contiguo al depósito de cadáveres se había instalado la capilla ardiente. Se organizó una interminable cola de personas deseosas de pasar ante el féretro. El político asesinado descansaba en una lujosa caja de madera de caoba con herrajes de plata. Pronto en la habitación no cabían las coronas y ramos de flores.

A las cinco en punto de la tarde se formó el cortejo fúnebre que desfiló desde el depósito al panteón familiar del cementerio. Iba presidido por los dos hermanos del finado: Don Joaquín y don Luis Calvo Sotelo. Asistía una inmensa muchedumbre en el más absoluto de los silencios. Las lágrimas brotaban de los ojos de muchos de los presentes. Se contagiaba la pena, el dolor y la impotencia. La emoción embargaba el ambiente. A los pies de la tumba un sacerdote, en medio de un inmenso y agobiante silencio, rezó un responso. El Jefe de Renovación Española, Antonio Goicoechea, con ojos enrojecidos y voz entrecortada se dirigió con un sentido e improvisado discurso a los presentes. Era el epitafio para su compañero de partido.

—*Os pido a todos los buenos españoles entereza para soportar este trance tan amargo. La obra de este gran hombre, al que acabamos de enterrar, no morirá nunca. No te ofrecemos que rogaremos a Dios por ti; te pedimos que ruegues tú por nosotros. Ante esa bandera colocada como una cruz sobre tu pecho, ante Dios que nos oye y nos ve, empeñamos solemne juramento de consagrar nuestra vida a una triple labor: imitar tu ejemplo, vengar tu muerte y salvar a España, que todo es uno y lo mismo; porque salvar a España será vengar tu muerte, e imitar tu ejemplo será el camino más seguro para salvar a España.*

El público salió ordenadamente del cementerio. De cuando en cuando se oían vivas a España a los que la masa respondía al unísono con enardecidos "Vivas". Jóvenes falangistas, brazo en alto, coreaban consignas contra los partidos de izquierdas. Pedían venganza, incitando a la violencia. Una gran y espontánea manifestación salió del camposanto en dirección a la ciudad. La Guardia Civil tuvo que intervenir para mantener el orden en las inmediaciones de aquella necrópolis. Unos falangistas, ataviados con sus camisas azules, abucheaban al vicepresidente y el secretario permanente de las Cortes, presentes en el sepelio. Les rodearon en actitud amenazante, recibiendo seguidamente algunos golpes. Varios guardias a caballo con el sable en la mano cargaron contra los agresivos militantes del partido de José Antonio. Golpeaban con el sable por la parte plana para no causar heridas por cortes. Los agresores huyeron despavoridos y el orden se restableció. La cabeza de la manifestación fue detenida por una compañía de la Guardia de Asalto desplegada en la calle de Alcalá. No se dejaba pasar a nadie sin ser previamente cacheado. Algunos, pocos, de los que portaban armas eludieron la acción policial quedándose rezagados o volviendo sobre sus propios pasos. Unos metros más adelante de nuevo un control policial y nuevos registros. Por fin la manifestación llegó a las confluencias de la calle Alcalá con la Calle de Goya. Las fuerzas policiales de la Guardia de Asalto allí desplegadas tenían órdenes de no dejar pasar a la multitud bajo ningún concepto. Los mandos policiales estaban dispuestos a cumplir a rajatabla dicha orden. La masa de público no estaba dispuesta a detenerse ante el cordón policial. Se dio la orden de disolver aquella manifestación a tiros. Tres de los oficiales de los que mandaban aquella unidad estaban convencidos de que aquello orden de disparar contra ciudadanos desarmados no era legal. No estaban dispuestos a mandar disparar. Eran el capitán Gallego, y los tenientes España y Artal, de la Guardia de Asalto. Sabían que serían detenidos y sometidos a un consejo de guerra, pero no les importó. Se hicieron varias descargas de fusil sobre los manifestantes. Cinco muertos y treinta y cuatro heridos fue el balance de aquella intervención. Aquello parecía una acción de guerra, una guerra que no tardaría en inundar de sangre todo el territorio español.

El miércoles 15 por la tarde, tras haber participado en la tensa reunión de la Diputación Permanente de las Cortes, Indalecio Prieto volvió a su casa en la calle Carranza, se encontró un gentío a las puertas del edificio. En el inmueble tenía también su sede la redacción de "El Socialista" y el PSOE. Entre los allí reunidos vio a Fernando Condés. Prieto le hizo una seña para que se le acercara. Quería hablar con él en persona. Fue directo al grano, sin preámbulos.

*—El sumario por la muerte de Calvo Sotelo evidencia que fue usted quien detuvo a la víctima.*
*—Lo sé, pero ya nada me importa. Estoy abrumado, avergonzado, desesperado…, estoy dispuesto a quitarme la vida.*
*—Entregarse o suicidarse sería una estupidez. Van a sobrarle a usted ocasiones de sacrificar heroicamente su vida en la lucha que, de modo ineludible, comenzará pronto, dentro de días o dentro de horas.*
*—Tiene usted razón.*
*—Lo que habéis hecho es repugnante.*

Condés echó mano a su pistola con la evidente intención de pegarse un tiro. Varios de los presentes le sujetaron impidiendo que cometiera semejante locura.

El momento fue aprovechado por don Indalecio para marcharse.

Uno de los obreros presentes, tranquilizaba al capitán:

*—¡Estás loco, Condés! Todos sabemos que lo que has hecho y por qué lo has hecho. Te admiramos por ello y la clase obrera lo aplaude, compañero.*

El capitán Condés se sosegó, aunque su angustia y preocupación no se disiparon en aquel momento.

## *Capítulo 15*

# AUTORES, COMPLICES Y ENCUBRIDORES

*Madrid, 17 de julio de 1936.*
*Unas horas antes del inicio de la Guerra Civil.*

Don Antonio Goicochea permanecía en su despacho, en lo que no la sede de su partido Renovación Española. Leía con atención la noticias del periódico vespertino Heraldo de Madrid que daba la noticia de que el juez especial Eduardo Iglesias Portal había ordenado la detención de la persona que mandaba el grupo que asesinó a Calvo Sotelo, no aparecía el nombre de Fernando Condés ni su condición de capitán de la Guardia Civil. La viuda del asesinado lo había reconocido en una fotografía que le mostraron como una de las personas que habían allanado su casa. El periódico también informaba de que el día anterior el juez especial había estado en la Cárcel Modelo para realizar *«varios reconocimientos y careos a presencia del fiscal general de la República, y como consecuencia de estos trabajos se adquirió la convicción de la inocencia de los dos guardias de Asalto que desde el lunes último se encontraban detenidos e incomunicados. Por el contrario, la situación del chófer es cada vez más comprometida. Nuevamente ha sido reconocido por los guardias que prestaban servicio en la puerta de la casa del Sr. Calvo Sotelo, por una doncella, el portero de la finca y otras personas. No obstante, estas acusaciones, el conductor persiste en su negativa, pero el juez especial ha dictado contra él auto de procesamiento y prisión»*. El diario también informaba de que como consecuencia de lo actuado últimamente, habían sido puestos a disposición del juez especial varias personas. La censura había eliminado el resto de la noticia por lo que no se podía saber de quiénes se trataban.

Lo que no decía el periódico era que en aquellos momentos el juez también había acordado la busca y captura del José del Rey y el arresto de tres guardias de Asalto más: Tomás Pérez Figuero, que había ayudado a Bayo a limpiar las manchas de sangre de la camioneta; Bienvenido Pérez Rojo, que se supo iba en la camioneta número 17 y había por tanto participado en los hechos y Antonio San Miguel Fernández, que en realidad no había intervenido en el crimen.

Esa misma mañana del viernes 17 el juez especial y el fiscal de la República se habían mostrado optimistas sobre la marcha del sumario y habían declarado que no sería difícil que se supiera quienes fueron los autores del secuestro y del crimen.

Esa misma tarde comenzó el golpe de Estado de julio de 1936 en el Protectorado Español de Marruecos.

Era ya tarde y Antonio Goicochea deseaba volver a su casa. Llevaba muchos días ajetreados y el cansancio estaba haciendo mella en su salud. La visita que esperaba no admitía ser postergada para el día siguiente. Según su secretario, la información que le iba a proporcionar el periodista que había solicitado su comparecencia ante él era de suma importancia. Benjamín Bentura (con b) llegó puntual a la cita. Había terminado de redactar una de las noticias de sucesos en su periódico.

*—Buenas tardes, don Antonio.*

*—Más bien son ya noches.*

*—Lo que tengo que comunicarle le habrán dicho que es importante. No puedo revelarle mi fuente con nombre y apellidos, sólo le diré que quien me lo ha contado es un inspector de policía con el que tengo una gran amistad. Se trata del asesinato de Castillo. En la Policía van a imputar el crimen a Juan de Dios Fernández Cruz por su condición de católico tradicionalista y al falangista Ángel Alcázar de Velasco, y a requetés pertenecientes al Tercio de Madrid en represalia por los disparos que el teniente Castillo efectuó sobre el militante carlista Llaguno Acha en el entierro del alférez de los Reyes. Esa es la versión oficial. Pero la verdad es otra muy distinta.*

Don Antonio Goicochea cortó el discurso de su interlocutor y argumentó, como pensando en voz alta:

*—Entre las diversas hipótesis acerca de la responsabilidad del asesinato del teniente Castillo está la de que ha podido ser un grupo de carlistas en venganza por el asesinato de Llaguno, el pasado mes de abril.*

*Los falangistas también tenían muchas razones para ser sospechosos del crimen. Además de ser instructor de la Motorizada, también se le imputa a Castillo la muerte de Andrés Sáenz de Heredia, falangista y primo de José Antonio. La Unión Militar Española, organización semiclandestina en la que participaban militares, mayoritariamente conservadores, enfrentados a la Unión Militar Republicana Antifascista de carácter iz-*

*quierdista y a la que pertenecía el teniente Castillo, tenían razones para acabar con el teniente.*

*—Lo único que sabemos de cierto es que a Castillo lo han matado cuatro jóvenes pistoleros con aspecto «proletario» y mediana estatura. Su identidad y afiliación política probablemente nunca lo podremos saber con certeza.*

El líder de Renovación Española, que hasta ese momento hacía esfuerzos por no bostezar debido al cansancio acumulado, se incorporó sentándose erguido en el sillón. Parecía que la conversación iba a ser interesante. Mandó proseguir a su interlocutor.

*—Alonso Mallol, Director General de Seguridad, me dijo en una entrevista que el teniente Castillo fue asesinado por los fascistas, como venganza por suponerle autor de la agresión contra un grupo de falangistas en la calle de Torrijos.*
*Curiosamente en el asunto del asesinato de Castillo no ha actuado el juez. Esto hizo que surgiera en mi amigo el inspector de policía las sospechas y decidió enterarse de cómo había sido asesinado el teniente Castillo y por quién. Después de hacer muchas gestiones, descubrió que fue asesinado por las mismas personas que horas después secuestraron y asesinaron al señor Calvo Sotelo. El teniente Castillo era amigo íntimo del Capitán Condés, de la Guardia Civil y del teniente Moreno de la Guardia de Asalto. Hacía ya muchos días que se había decidido el asesinato de Calvo Sotelo. Se fijó una fecha.*
*Se llamó al capitán y se le confió la criminal tarea. Faltaba por designar cuál de ellos sería el que llevara a cabo la acción junto a individuos de "La Motorizada".*
*Pocos días después, Castillo comunicó a sus amigos que lo había pensado bien y que no estaba dispuesto a tomar parte en el asesinato de Calvo Sotelo. Condés y Moreno le tildaron de cobarde y de traidor. Castillo afirmaba que podían contar con él para planear cuantos asuntos hicieran falta, pero que no quería participar en ningún asesinato. Rompieron las amistades.*
*En una reunión en la que participó Moreno y Condés con miembros de "La Motorizada" alguien apuntó que quizá el teniente podía delatarles en un futuro. Decidieron eliminarle y culpar a elementos fascistas.*

Goicochea salió de su letargo. Quería conocer todos los detalles de lo que le estaban contando. El periodista continuó:

*—Y como se pensó, se hizo. Unos individuos de "La Motorizada" esperaron al teniente cuando se dirigía de su casa a Pontejos, pues entraba de servicio esa noche y lo asesinaron.*
*Muerto Castillo, se dijo que los asesinos habían sido los fascistas, y horas después acordaron con el teniente Moreno y el capitán Condés, secuestrar y asesinar a Calvo Sotelo, a usted y a Gil Robles.*
*La muerte de don José Calvo Sotelo no ha sido una represalia por la del teniente Castillo. Lo cierto es que este último fue asesinado porque se negó a matar al señor Calvo Sotelo. Todo, como usted ve, muy bien planeado.*

El veterano político miró al periodista. Había escuchado el relato sin interrumpir y con la máxima atención.

*—Su amigo, el inspector de policía, ¿Con qué partidos simpatiza?... La versión que me acaba usted de contar no parece muy verosímil y tal vez obedezca al deseo de la Falange y de otros grupos tradicionalistas sospechosos del crimen de limpiar su imagen. Los bulos y especulaciones acerca de este asesinato irán apareciendo en los próximos días, sin lugar a dudas. Será muy difícil probar estos asesinatos, por no decir imposible. Los asesinos, sean quien fueren, han puesto en marcha la maquinaria de una guerra civil en España. Solo falta saber el día y la hora en que el Ejército se subleve. No pasará mucho tiempo...*

El periodista tenía otra información relevante. Se lo hizo saber a don Antonio. Éste le invitó a que se la relatara sin prisas.

*—Lorenzo Aguirre Sánchez, conocido miembro de la policía, masón y famoso pintor, hizo unas revelaciones en la comisaría que fueron oídas por mi amigo, también inspector como él. Aguirre era el responsable de las escoltas de las personalidades en Madrid.*
*Cambiaron la escolta de Calvo Sotelo. Los que prestaban ese servicio eran "demasiado afectos" a don José. Había que sustituirlos por dos agentes que lo vigilasen. Aguirre habría encomendado la tarea al agente José Garriga Pato, masón y partidario del Frente Popular. A éste se le dio la libertad*

*para elegir a su compañero. Eligió al policía, también masón, Rodolfo Serrano de la Parte. A partir de ese momento Don José iba a ser más vigilado que protegido.*
*Julián Cortés Cavanillas, vicesecretario general de Renovación Española, el 10 de julio había visitado a Calvo Sotelo para advertirle de un supuesto plan de asesinato que, al parecer, un agente suyo infiltrado en las filas comunistas habría descubierto. Le pidió a Calvo Sotelo que aceptase una guardia personal de jóvenes paramilitares de su partido, pero éste lo rechazó porque creía que era inútil, ya que los guardias personales no podrían ir armados y serían detenidos por los propios agentes de la Policía que le daban escolta oficial.*

Antonio Goicochea conocía la información que le estaban dando, pero no los pormenores. Era un hombre cabal y sensato. No daba pábulo a los rumores que últimamente circulaban por Madrid.

*—No creo que el Gobierno republicano de izquierda haya alentado la violencia de forma directa, pero sí que se niega a adoptar una postura efectiva contra ella, demostrando no estar dispuesto a arrestar y procesar a los responsables.*
*Don José era reconocido como uno de los líderes más prestigioso de la derecha. Tenía un curriculum impresionante porque no cabe duda de que era "la cabeza mejor amueblada" de los conservadores españoles. Fue número uno de su promoción en las aposiciones a abogado del estado y quizás el mejor Ministro de Hacienda de este siglo. Se había ganado el odio de toda la izquierda revolucionaria y extremista. Fue un líder valiente. Recuerdo que en su último discurso en el Congreso fue acusado de militarista y golpista y contestó que prefería ser militarista antes que ser masón, ser marxista y ser separatista como eran algunos de los presentes, a los que tildó de pertenecer a una horda, una "horda roja". Dicen que a Dolores Ibarruri, La Pasionaria, le oyeron decir que Calvo Sotelo había hablado por última vez. Pero esto tal vez no sea cierto.*

Goicoechea era un hombre que analizaba muy concienzudamente las informaciones que recibía antes de tomas decisiones o dar su opinión.

*—Pero insisto, creo que los pistoleros que han acabado con don José no*

*han valorado las consecuencias de este acto. Ha sido la gota que ha rebosado el vaso. Las consecuencias de este crimen van a ser catastróficas. Debemos prepararnos para lo que va a venir: Un golpe militar contra este gobierno que si fracasa nos llevará irremediablemente a una guerra, la peor de todas las guerras, una guerra civil donde se enfrentarán hermanos contra hermanos.*

Fueron palabras que profetizaban la mayor tragedia en la España del siglo XX.

# QUE FUE DE:

## LUIS CUENCA

Luis Cuenca, el autor material del crimen, y sobre los otros tres miembros de las milicias socialistas que le acompañaron no se llegó a dictar ninguna orden de detención. En cuanto comenzó la guerra civil Cuenca fue nombrado oficial de las milicias que salieron de Madrid para luchar en la batalla de Guadarrama. Allí cayó en combate el 22 de julio intentando tomar Somosierra junto con otros compañeros de «La Motorizada».

## CAPITÁN FERNANDO CONDÉS

Condés nunca fue detenido por el asesinato de Calvo Sotelo, aunque se dictó una orden de detención contra él.

El 18 de julio de 1936 fue nombrado oficial de las milicias. Participó, junto con el Teniente Moreno de la Guardia de Asalto, en la Toma del Cuartel de la Montaña del Príncipe Pío en Madrid, donde varios golpistas contra el gobierno de la República al mando del general Fanjul se hicieron fuertes tras proclamar el estado de guerra. El Cuartel cayó en manos de los asaltantes que ocasionaron entre 500 y 900 muertos.

Posteriormente el capitán Condés se dirigió al mando de una compañía de milicianos a la sierra de Madrid para luchar en la batalla de Guadarrama, siendo herido el 26 de julio cerca de Somosierra.

Su entierro fue multitudinario; su oración fúnebre la pronunció la diputada socialista Margarita Nelken: «A Fernando Condés lo precisábamos para el día del triunfo. Los que tuvimos la dicha de tratarle íntimamente sabemos hasta qué punto nos hubiera sido útil. Fernando se nos ha ido, pero estará siempre entre nosotros»; además se le puso su nombre al Cuartel General de Milicias Populares.

## FRANCISCO ORDÓÑEZ, SANTIAGO GARCÉS Y FEDERICO COELLO

Los otros tres de "La Motorizada" implicados en el asesinato fueron también destinados a puestos relevantes de las fuerzas republicanas. Garcés llegó a ser jefe del Servicio de Inteligencia Militar, Ordóñez jefe del Servicio de Información del Estado y Coello comandante de Sanidad Militar.

## TENIENTE MÁXIMO MORENO

El teniente Máximo Moreno, del que se sospechó que hubiera participado en el atentado, pero no se encontró ninguna prueba por lo que no fue procesado, murió el 22 de septiembre de 1936 tras sufrir un accidente su avión (se suicidó antes que caer en poder de las tropas moras franquistas). Los republicanos consiguieron rescatar el cadáver —se dijo que le habían cortado los testículos— y el entierro, que se celebró en Madrid, fue tan multitudinario como el de Condés.

## EL GUARDIA DE ASALTO, CONDUCTOR ORENCIO BAYO CAMBRONERO

Fue puesto en libertad el 25 de julio, reintegrándose al servicio del Parque Móvil de la Guardia de Asalto.

Tras la Guerra Civil fue condenado a muerte, pero la pena capital le fue conmutada por treinta años de prisión. Pasó siete u ocho años en la cárcel de Porlier y luego fue puesto en libertad.

## EL GUARDIA DE ASALTO JOSÉ DEL REY

Su detención se había ordenado por las autoridades judiciales, aunque nunca fue capturado. Marchó a Toledo al frente de un centenar de milicianos para participar en el Asedio del Alcázar de Toledo y después estuvo al frente de diversas unidades del Ejército Popular de la República, llegando a alcanzar el grado de comandante.

Tras la Guerra Civil fue juzgado y condenado a muerte por el asesinato de Calvo Sotelo, fue ejecutado por garrote vil en 1943. Del Rey exculpó en su declaración al resto de guardias: «Los guardias ocupantes de la camioneta ignoraban el servicio a desempeñar. Fueron seguidamente a la calle de Velázquez y pararon ante una casa, a cuya puerta había dos Guardias de Seguridad. Entonces se enteraron de que allí vivía don José Calvo Sotelo».

## EL TENIENTE DE LA GUARDIA DE ASALTO ALFONSO BARBETA

Ingresó en prisión por la arenga que hizo a los guardias de la compañía del teniente Castillo en la noche del día 12, pero fue liberado el 8 de agosto. En esa misma fecha también fueron liberados los guardias Tomás Pérez, Antonio San Miguel y Bienvenido Pérez Rojo.

## COMANDANTE RICARDO BURILLO, JEFE DEL GRUPO DE GUARDIAS DE ASALTO DE PONTEJOS

Fue condenado a muerte en un consejo de guerra y ejecutado por considerarlo uno de los responsables directos de la muerte de Calvo Sotelo.

## EL SUMARIO DEL ASESINATO DE CALVO SOTELO

El 25 de julio, una semana después de iniciada la guerra, un grupo de diez o doce milicianos irrumpió en la sede del Tribunal Supremo y a punta de fusil se apoderó del sumario del asesinato de Calvo Sotelo. Estuvieron cerca de matar a tiros al juez especial Iglesias Portal, pero su policía de escolta lo impidió.

Los milicianos eran amigos del capitán Fernando Condés y pertenecían a «La Motorizada». Deseosos de destruir las pruebas que había contra él en el sumario. Los documentos robados fueron quemados inmediatamente por los asaltantes. El juez especial presentó su dimisión por lo que había ocurrido, pero la Sala de Gobierno del Tribunal Supremo no la aceptó y le ordenó que reconstruyera el sumario sustraído «en la media y forma que las actuales circunstancias permitan». Fue una misión casi imposible porque muchos testigos se encontraban ya fuera de Madrid, combatiendo en la Sierra y en otros frentes. Otros habían huido, estaban escondidos en la capital o habían muerto, o morirían pronto, como era el caso de Cuenca y Condés.

El 1 de febrero de 1937 se dictó auto de terminación del sumario en aplicación de la amnistía que una semana antes, el 22 de enero, se había decretado para los penados y encausados por delitos políticos y comunes realizados con anterioridad al quince de julio de 1936.

# GALERÍA DE FOTOGRAFÍAS

Guardias de Asalto en su camioneta de servicio 1934.
Fuente: Internet. https://www.flickr.com/photos.

Guardias de Asalto identificando 1936.
Fuente: Internet. Blog Las Provincias.

Guardias de Asalto reprimiendo una manifestación.
Fuente: Internet http://amodelcastillo.blogspot.com

Prácticas de una carga policial de la Guardia de Asalto.
Fuentes: Internet.
Museo digital de salvoconductos de la guerra civil española.

La periodista Josefina Carabias con dos guardias de asalto en 1932.
Fuentes: Internet. Revista Estampa.

"La Motorizada", milicia socialista, seguidores de Indalecio Prieto.
Fuente: Internet. Blog Hidalgo León.

Tribuna Presidencial durante el desfile conmemorativo del V Aniversario de la II República. Periódico AHORA 15 de abril de 1936.

Desfile de la Guardia Civil en el V Aniversario de la República, donde se produjeron abucheos que dieron origen al asesinato del Alférez Anastasio de los Reyes.

Foto durante el entierro del alférez Anastasio de los Reyes,
captada por el fotoperiodista Luis Ramón Marín.

Los disparos efectuados desde las terrazas hicieron tirarse cuerpo a tierra a los asistentes al entierro del alférez Anastasio de los Reyes.
Fuente de las cuatro fotografías anteriores: Internet.
Museo digital de salvoconductos de la guerra civil española.

Cortejo fúnebre del alférez Anastasio de los Reyes, su cuerpo es llevado hombros por sus compañeros.
Fuente: Internet, laverdadnitemeniofende.wordpress.com

El teniente José del Castillo Sáenz de Tejada
Fuente: Internet, Periódico El Debate.

Velatorio del teniente Castillo.
Fuente: Internet, lasegundaguerra.com

Entierro del teniente Castillo
Fuente: Internet, elespaoldigital.com

Camioneta nº17 de la Guardia de Asalto, en la que miembros de ese cuerpo policial y del grupo armado "La Motorizada" secuestraron y asesinaron, de un disparo en la nuca, a don José Calvo Sotelo.

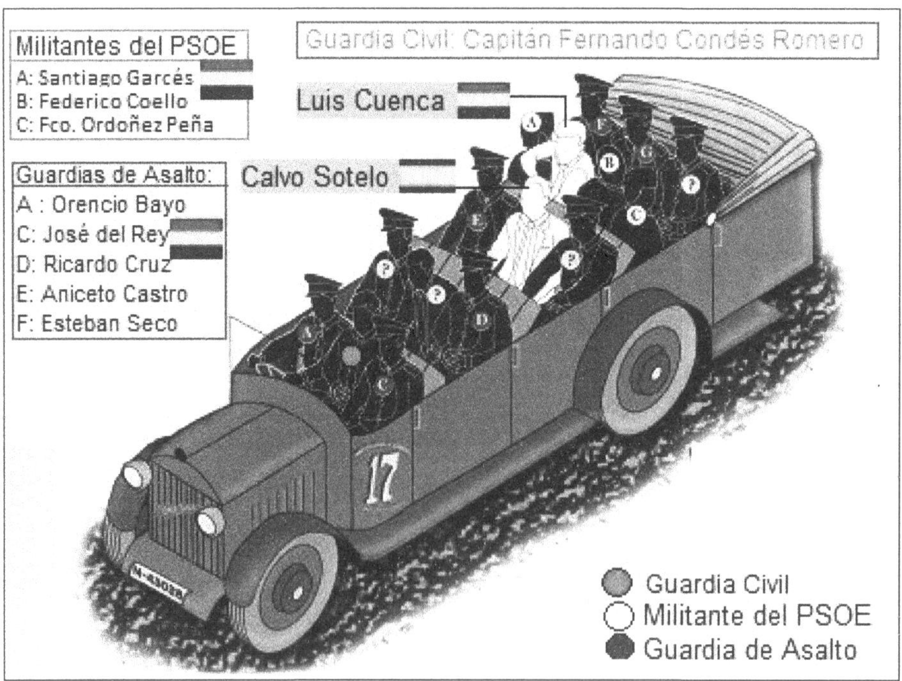


Camioneta nº17 de la Guardia de Asalto, en la que miembros de ese cuerpo policial y del grupo armado "La Motorizada" secuestraron y asesinaron, de un disparo en la nuca, a don José Calvo Sotelo.

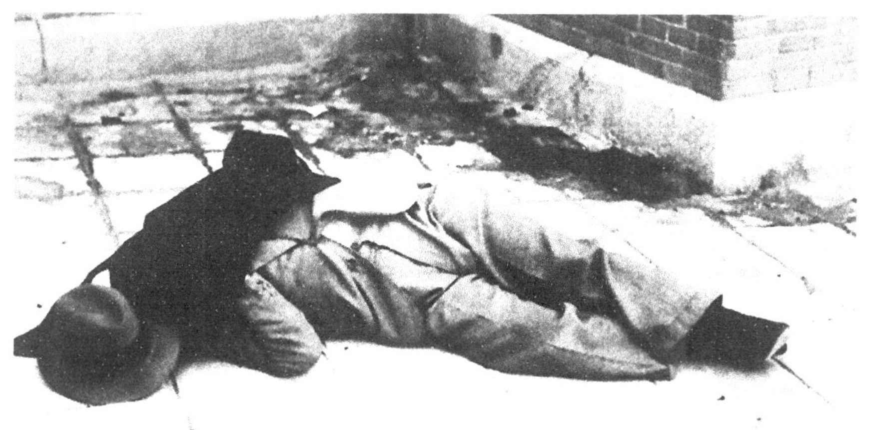

El cuerpo de José Calvo Sotelo, tal como fue abandonado por sus asesinos a las 4:00 de la madrugada del 13 de julio de 1936 en el Cementerio del Este (Cementerio de la Almudena) en Madrid.

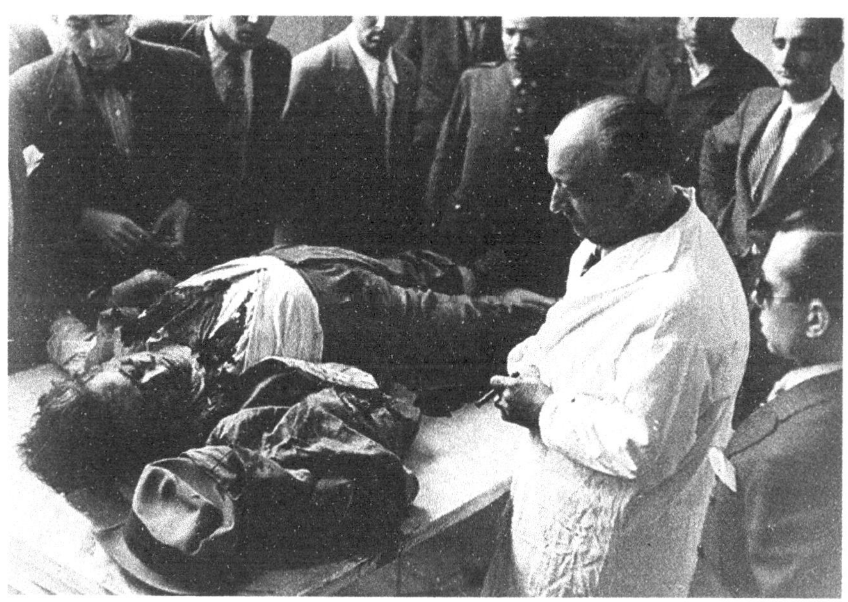

El doctor Piga, de bata blanca, fue uno de los dos forenses que le practicaron la autopsia al cadáver del asesinado.

Entierro de José Calvo Sotelo el 14 de julio de 1936, tres días antes del inicio de la Guerra Civil Española.
Fuente de las cinco fotos anteriores: Internet, outono.net

Portada del periódico Ahora del 14 de Julio.
Izq: D. José del Castillo, Dcha: D. José Calvo Sotelo.
Fuente: Internet, salvoconductosguerracivil.blogspot.com.

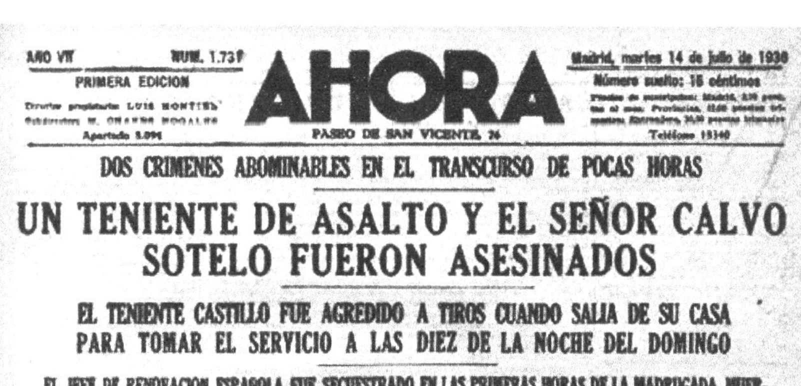

AÑO VII — NUM. 1.73?

PRIMERA EDICION

Director propietario: LUIS MONTIEL

Apartado 8.094

AHORA

PASEO DE SAN VICENTE, 26

Madrid, martes 14 de julio de 1936

Número suelto: 15 céntimos

Teléfono 15340

DOS CRIMENES ABOMINABLES EN EL TRANSCURSO DE POCAS HORAS

UN TENIENTE DE ASALTO Y EL SEÑOR CALVO SOTELO FUERON ASESINADOS

EL TENIENTE CASTILLO FUE AGREDIDO A TIROS CUANDO SALIA DE SU CASA PARA TOMAR EL SERVICIO A LAS DIEZ DE LA NOCHE DEL DOMINGO

EL JEFE DE RENOVACION ESPAÑOLA FUE SECUESTRADO EN LAS PRIMERAS HORAS DE LA MADRUGADA, MUERTO DE UN BALAZO Y SU CADAVER DEPOSITADO, POR SUS MISMOS AGRESORES, EN EL CEMENTERIO MUNICIPAL

El Gobierno, reunido en Consejo, deliberó sobre ambos dolorosos acontecimientos y, entre otras medidas, acordó el nombramiento de jueces especiales

Noticia del asesinato del teniente Castillo y Calvo Sotelo en "Ahora"
Fuente: Internet, salvoconductosguerracivil.blogspot.com.

# REFERENCIAS DE PERSONAJES E INSTITUCIONES

## (1) LA GUARDIA DE ASALTO

La proclamación de la Segunda República, el 14 de abril de 1931, provocó incertidumbre en las distintas fuerzas policiales. En el paso de la monarquía a la república, las fuerzas de seguridad permanecieron mayoritariamente leales al poder establecido. El gobierno republicano no acometió purgas en los mandos policiales. Se realizaron, durante los dos primeros años republicanos, algunas reformas policiales que fueron bien acogidas por los profesionales de la seguridad.

El "poder militar" siguió ocupando una buena parte de los órganos de la administración del Estado relacionada con el orden público: La Dirección General de Seguridad, las Jefaturas de Policía, las Jefaturas de la Guardia Civil (cuyo carácter de cuerpo militarizado se mantuvo) y las Jefaturas Guardia de Asalto (la nueva fuerza de orden público creada por la República) eran mandadas por militares de prestigio nombrados por el Gobierno Republicano.

Los nuevos gobernantes, que en la oposición sentían aversión hacia la Benemérita y eran proclives a su disolución, decidieron solamente realizar algunos retoques en su organización y funcionamiento, motivado todo ello por esa demostrada neutralidad política de última hora de la Guardia Civil y la necesidad de contar con un cuerpo policial útil para mantener el orden en el nuevo régimen político.

El 11 de mayo de 1931, durante las protestas anticlericales en Madrid, el gobierno republicano no quiso emplear a la Guardia Civil. (Veinticuatro conventos, colegios y centros católicos a nivel nacional son incendiados).

El Gobierno decide el 17 de mayo de 1931 la creación de las Fuerzas de Asalto, dependiente del Ministerio de la Gobernación, dentro del uniformado Cuerpo de Seguridad; bajo la dependencia de la Dirección General de Seguridad. Este Cuerpo nacería y moriría con la Segunda República española. Se concibieron como unas Fuerzas de naturaleza civil, con estructura militar y mandadas por jefes y oficiales del Ejército.

Estas unidades estaban entrenadas y formadas para controlar el orden público de forma incruenta.

Al inicio de la Segunda República el Cuerpo de Seguridad estaba compuesto por 5.600 hombres y la Guardia Civil eran 34.000. Los sucesos de mayo de 1931 llevaron al gobierno a plantearse, siguiendo la idea de Mola, crear las Secciones de Asalto. Esto supuso una apuesta seria por apostar por auténticas unidades antidisturbios modernas, bien dotadas y operativas. El gobierno con su puesta en marcha pretendió resolver el problema de causar muertes en la acción represora y perder el control en las calles. Se creó como una especialidad dentro del Cuerpo de Seguridad. Eran policías de probada fidelidad republicana, con la misión de reprimir cualquier movimiento subversivo con nuevas tácticas policiales, para evitar derramamientos de sangre. Se formó con policías jóvenes con preparación y armamento especial para controlar las revueltas callejeras.

Los criterios de selección de los componentes de las Fuerzas de Asalto eran muy estrictos: Edad de entre 21 y 30 años, estatura de 1,80 metros (la estatura media nacional era 1,65 metros), complexión atlética y además tenían que superar unas pruebas físicas duras.

El domingo 17 de mayo de 1931, se creaba esta Sección de Vanguardia (Asalto), siendo su primer Jefe el Teniente coronel Agustín Muñoz Grandes, (curiosamente este militar sería conocido años después por haber tenido un papel relevante durante la Guerra Civil Española y la dictadura franquista, donde fue nombrado Ministro-secretario general de FET y de las JONS. En el verano de 1941, recibió el mando de la División Española de Voluntarios —más conocida como «división Azul»— que fue enviada al frente ruso en apoyo del ejército alemán. En 1962, Franco le designó vicepresidente del Gobierno, lo que le convirtió en una de las figuras más importantes del régimen franquista.)

La Guardia de Asalto gozó de un gran prestigio y apoyo popular. En el Diario ABC del 5 de agosto de 1931, tres meses después de su creación, se podía leer:

> —*"Llegaron al lugar en modernas camionetas de bancos corridos con sus flamantes uniformes y armamento. Bajaron rápidamente de los vehículos defensa de goma en mano y en dos minutos disolvieron la manifestación, saltando de nuevo a sus camionetas, desapareciendo del lugar. El éxito fue rotundo y la popularidad del nuevo cuerpo se extendió rápidamente. A los pocos minutos del tumulto, tras la actuación de los Guardias de Asalto, éste había cesado y unos aplausos entusiastas premiaban la labor de los guardias".*

Ante el éxito de las primeras actuaciones, el gobierno de la República decide crear en enero de 1932 un total de 20 unidades (Secciones de Asalto) de 125 hombres cada una y desplegarlas por todo el territorio nacional. En el verano del mismo año se reclutan 2.500 nuevos efectivos y a finales de 1935 eran ya más de 9.000 hombres los que componían las Secciones de Asalto. El Cuerpo de Seguridad pasó a denominarse Cuerpo de Seguridad y Asalto y se estructuraba en dos servicios: el Servicio Local, con las misiones tradicionales del Cuerpo de

Seguridad y por otro lado el Grupo de Asalto, con funciones de orden público. Estos Grupos de Asalto, de naturaleza civil pero con una estructura militar, desplegaban en determinadas ciudades y estaban bajo el mando del gobernador civil de la provincia. Su ámbito de actuación era la capital de provincia y en un radio de 120 kilómetros de ésta, lo que significaba que podía intervenir en un territorio hasta entonces del ámbito territorial de la Guardia Civil.

Un Grupo de Asalto estaba mandado por un comandante del ejército. Se componía de tres compañías de fusiles y una compañía más de especialidades, con una sección de morteros, una sección de ametralladoras y una sección motorizada que contaba con coches ligeros, motocicletas, camionetas, autocares y ambulancias. Los medios de dotación individual y colectiva eran los más modernos del momento, adquiridos en Estados Unidos e Inglaterra. Como armamento individual, cada Guardia de Asalto contaba con un fusil Mauser 1893, una pistola Star modelo 1919 o pistola Astra modelo 903 con culatín acoplable y una defensa de goma. Como armamento especial disponían de máscaras antigás de última generación y granadas de mano. Como medios de uso colectivo disponían de morteros ligeros, ametralladoras pesadas Hotchkiss modelo 1914, calibre 7 mm y vehículo blindado y "autoametralladora", modelo Bilbao de 1932. Utilizaban para sus desplazamientos camionetas descubiertas para el trasporte de un pelotón (22 hombres).

La Guardia de Asalto o "los de Asalto", como eran conocidos popularmente pronto formaron parte del paisaje de las ciudades y pueblos de España. La población comenzó a conocer a sus miembros como "los serios" por el talante de los guardias.

Alejandro Vargas González. *La Guardia de Asalto, policía de la República.*
Cuadernos republicanos, ISSN 1131-7744, Nº 53, 2003,

## (2) EL FRENTE POPULAR

El Frente Popular fue una histórica coalición electoral de partidos republicanos de izquierda, socialistas y comunistas formada en 1935 que ganó las elecciones celebradas el 16 de febrero de 1936 y se mantuvo en el gobierno hasta el final de la Guerra Civil Española en 1939, con Manuel Azaña como presidente de la II República.

Estaban entre otras organizaciones, el PSOE, el sindicato UGT, el partido comunista PCE, los marxistas del POUM, además de los partidos republicanos Izquierda Republicana (IR) de Manuel Azaña y la Unión Republicana (UR) de Diego Martínez Barrio. El pacto además estaba apoyado por los nacionalistas catalanes como ERC. Los anarco-sindicalistas de la CNT, aunque no formaba parte del Frente, no se mostraron beligerantes con él, obteniendo muchos votos anarquistas (los cuales, tradicionalmente, no votaban). No obstante, muchos anarquistas que luego combatirían por el bando republicano en las elecciones pidieron la abstención.

La coalición entre socialistas, comunistas y nacionalistas republicanos tenía un programa reformista, como la defensa de las reformas sociales del primer gobierno de 1931, que estaban siendo paralizadas o eliminadas por el posterior gobierno conservador. También surgía como respuesta para pedir la liberación de los detenidos y sometidos a proceso por responsabilidades en los hechos ocurridos durante la Revolución de Asturias en 1934 y ante el avance en Europa del fascismo de Hitler o Mussolini. En ese momento también en el vecino país de Francia gobernaba el Frente Popular Francés.

Martín Ramos, José Luis *(2015). El Frente Popular. Victoria y derrota de la democracia en España.* Barcelona: Pasado & Presente. ISBN 978-84-944272-5-1.

## (3) ILDEFONSO PUIGDENGOLAS Y PONCE DE LEÓN

(Figueras, Gerona, 1876 - Parla, Madrid, 31 de octubre de 1936).

Fue un militar español. Con el grado de coronel, tuvo una participación relevante en la Guerra Civil Española, al frente de fuerzas del Ejército Popular de la República, con las que aseguró Alcalá de Henares y Guadalajara para el bando gubernamental. Su acción más destacada fue la defensa de la ciudad de Badajoz frente a las tropas mandadas por el teniente coronel Yagüe, la primera capital de provincia que cayó por asalto en manos de las fuerzas sublevadas contra el gobierno del Frente Popular.

Hijo de un militar de ideas liberales, tras quedar huérfano muy joven ingresó con solo 14 años en la Escuela de Cabos y Sargentos del Colegio de María Cristina para huérfanos de Infantería. Por su carácter inquieto en 1895 marchó sin el permiso familiar como soldado voluntario a la guerra de Cuba tras reiniciarse el conflicto separatista. Posteriormente participó como teniente en la Guerra del Rif. Alternó sus cargos en el Ejército con otros en el policial Cuerpo de Seguridad donde llegó a coronel siendo dos veces nombrado coronel inspector.

No se ha podido demostrar militancia política, pero fue de ideas izquierdistas y estuvo vinculado a Diego Martínez Barrio y a su partido Unión Republicana. Por el contrario, sí está documentada su pertenencia a la masonería, entre 1932 y 1933.

En abril de 1931, al momento de la proclamación de la República, estaba destinado en Sevilla como jefe del Cuerpo de Seguridad, cargo que mantuvo con el nuevo régimen dada su ideología de izquierdas y vinculaciones políticas con Diego Martínez Barrio. En agosto de 1932 se opuso personal y violentamente a la sublevación del general José Sanjurjo en Sevilla (la *Sanjurjada*), siendo apresado por éste. Por esta época se afilió a la Unión Militar Republicana Antifascista (UMRA) y fue ascendido a coronel. Causó baja al frente del Cuerpo de Seguridad el 27 de mayo de 1936, pasando a la situación de reserva en el Ejército.

Al estallar la guerra civil, se encontraba en Madrid y sin destino. Fue uno de los militares profesionales más activos en la defensa de la República. Mandó la columna que el 20 de julio salió de Madrid para sofocar una previsible revuelta en Alcalá de Henares (21 de julio) lo que hizo sin violencia y para asaltar Guadalajara (22 de julio) lo que se consiguió tras un duro combate.

Nombrado Comandante militar de Badajoz desde el 25 de julio de 1936 por el Ministro de la Guerra Luis Castelló Pantoja, organizó la defensa de la provincia y de la ciudad. Apresado durante unas horas el 6 de agosto de 1936 por una sublevación de parte de la guarnición de Badajoz, fue herido levemente por la metralla de un bombardeo en el antebrazo izquierdo. Tras recuperar el mando de las tropas, continuó con su labor ante el inminente ataque del Ejército de África. El 13 de agosto de 1936 las fuerzas del Ejército sublevado tomaron posiciones próximas a la ciudad, conquistándola al día siguiente. Puigdengolas permaneció al frente de la defensa hasta que las tropas, mayoritariamente Regulares y de la Legión rebasaron sus murallas, escapando entonces hacia Portugal.

En Portugal permaneció detenido en el Cuartel del Batallón de Cazadores de Elvas y, desde el 24 de agosto, en el fuerte de Caxias de Lisboa. En octubre de 1936, los refugiados españoles que querían volver a la España republicana, entre ellos Puigdengolas, fueron embarcados en el buque *Nyassa* y trasladados a Tarragona, a donde llegaron el 13 de octubre.

Tras ser depuradas las responsabilidades del coronel en la pérdida de Badajoz, el 26 de octubre Puigdengolas fue nombrado jefe de la agrupación de columnas de Illescas (Toledo) en sustitución de Ramiro Otal Navascués. Participó en el ataque a Seseña, muriendo en Parla asesinado el 31 de octubre por varios de sus propios milicianos cuando intentaba frenar pistola en mano una desbandada y haberle disparado él a uno.

Alonso García, Héctor (2014). *El coronel Puigdengolas y la Batalla de Badajoz*, Publicaciones de la Universidad de Valencia, Valencia. ISBN 978-84-370-9345-1
Fuente fotografía: Intertet Wikipedia.

## (4) FALANGE ESPAÑOLA (FE)

Fue un partido político español de ideología fascista fundado el 29 de octubre de 1933 por José Antonio Primo de Rivera, primogénito del fallecido dictador Miguel Primo de Rivera, Alfonso García Valdecasas y Julio Ruiz de Alda. El 15 de febrero de 1934 FE se fusionó con las Juntas de Ofensiva Nacional-Sindicalista (JONS), fundadas por Onésimo Redondo y Ramiro Ledesma Ramos, entre otros. El nuevo partido se denominó Falange Española de las JONS (FE de las JONS).

En el periodo de la Segunda República desempeñó un importante papel en el desarrollo de los acontecimientos que condujeron a la Guerra Civil. Nace apoyada por las fuerzas reaccionarias y partidos de la derecha que la utilizan como fuerza de choque. No consigue un apoyo popular significativo, pero sus frecuentes razias y enfrentamientos con los grupos más radicales de la izquierda, principalmente con las organizaciones juveniles, sus actos violentos y asesinatos contribuyeron a crear un clima de inseguridad y violencia propicio para las intentonas militares.

La ideología de Falange es el nacionalsindicalismo. Se trataba de un fascismo a la italiana con componentes tomados del catolicismo. A juicio del historiador conservador estadounidense Stanley Payne, la Falange no se diferenciaba en lo fundamental del partido fascista italiano, utilizando en ocasiones su misma retórica. No obstante, el falangismo dispuso de rasgos propios, entre los que destacaba su catolicismo, la unidad de España y el imperialismo característico de otros movimientos fascistas.

La Falange propugnaba la creación de un Estado Sindical totalitario en el que la lucha de clases sería superada por el Sindicato Vertical, que agruparía en un mismo organismo a empresarios y trabajadores organizados por ramas de la producción. A su ideario político se une como elemento populista un ambiguo programa de reformas sociales calificado por los falangistas de "revolucionario".

Los resultados electorales de la Falange durante la Segunda República fueron siempre muy escasos. En el periodo de la Segunda República las organizaciones juveniles se caracterizaron por su carácter violento. Las juventudes de izquierdas se proclamaban revolucionarias y las juventudes de derechas, antiliberales. Los enfrentamientos entre ambas eran frecuentes. Unas y otras, escapando al control de sus respectivos partidos, contradecían abiertamente la actividad de estos en el Parlamento. La situación en el ámbito laboral no era mejor, las organizaciones obreras se enfrentaban a grupos de pistoleros al servicio de los intereses de los patronos. En este contexto surge la Falange Española con la práctica de la violencia como parte de su ideario.

Como otros movimientos fascistas, FE puso especial interés en encuadrar en sus filas a jóvenes, organizándolos en una estructura paramilitar y canalizando su rebeldía hacia la práctica metódica y organizada de la violencia política. En las fichas de afiliación había una casilla en la que se hacía constar si se poseía "bicicleta", eufemismo de pistola, y se entregaban porras flexibles forradas de metal. En enero de 1934 el periódico republicano La Voz publicó un documento interno en el que se teorizaba sobre la violencia y se daban instrucciones precisas de cómo ejercerla.

Las milicias denominadas Falange de la Sangre (posteriormente pasó a llamarse Primera Línea), estuvieron dirigidas inicialmente por el militar retirado Luis Arredondo. Comenzaron a provocar y mezclarse en escaramuzas. Se sucedieron los altercados callejeros y las operaciones de castigo. La distribución de su publicación F.E., voceada por sus propios militantes (los quioscos se habían negado a distribuirla presionados por las organizaciones de izquierdas), propició los principales focos de enfrentamientos. Falange, en la Universidad de Madrid, creó un sindicato de estudiantes, el SEU, en contraposición al mayoritario FUE, con el objetivo de "destruirle".

La actividad de la Falange estuvo dificultada por frecuentes clausuras de sus locales y la prohibición de muchos de sus actos a causa de los numerosos incidentes violentos que protagonizaban.

Payne, Stanley (1985). *Falange. El fascismo español.* Madrid: Ediciones Ruedo Ibérico. ISBN 84-7291-764-9.

## (5) CENTRAL OBRERA NACIONAL SINDICALISTA (CONS)

La Central Obrera Nacional-Sindicalista (CONS) fue un sindicato español creado en 1934 por Falange Española de las JONS. La CONS se formó por iniciativa de Ramiro Ledesma.

Animada por la subvención que recibiera del partido monárquico Renovación Española, para dar visos de realidad a su carácter nacional-sindicalista, decidieron dedicar parte de esa cantidad para subvencionarla dotándola de una sede central y, posteriormente, financiar su propaganda. La CONS absorbió los restos de un sindicato de las antiguas JONS con presencia en el gremio de conductores de taxis y de camareros. Posteriormente abrirían sedes en Valladolid y Zaragoza.

La CONS, en su propaganda, asumía las reivindicaciones de los sindicatos de clase UGT y el anarquista CNT, argumentando que sólo se diferenciaba de estos por su carácter nacionalista; llegando a alinearse con la CNT en los enfrentamientos que mantuviera ésta con otros sindicatos de carácter amarillo, principalmente con los Sindicatos Libres Carlistas.

En 1961 la CONS fue, por orden gubernamental, disuelta e integrada en la Organización Sindical Española, el sindicato vertical oficial franquista.

En la actualidad la Unión Nacional de Trabajadores (UNT), fundada en enero de 1978, se considera sucesora de la CONS original.

Payne Stanley, G (1997). *Franco y José Antonio. El extraño caso del fascismo español.* Barcelona: Planeta. ISBN 84-08-02286-5.

## (6) GENERAL MIAJA

José Miaja Menant (Oviedo, 20 de abril de 1878-Ciudad de México, 14 de enero de 1958) fue un militar español, conocido por su papel durante la guerra civil española y, particularmente, en la defensa de Madrid.

Tomó parte en la guerra del Rif, durante la cual obtuvo varios ascensos y mandó varias unidades. En el transcurso de la guerra civil Miaja fue una persona clave en la defensa de Madrid, entre noviembre y diciembre de 1936, ostentando la jefatura de la Junta de Defensa. Posteriormente dirigió el Ejército del Centro y tomó parte en conocidas batallas como Jarama, Guadalajara o Brunete, y luego el Grupo de Ejércitos de la Región Central (GERC). Ello le convirtió en el jefe militar republicano de la zona Centro-Sur. En el transcurso de la contienda concentró más poder militar que ningún otro general republicano. Sin embargo, su actitud y su desempeño militar en determinados casos han generado dudas en la historiografía.

Crítico con el desenlace que la contienda tomó para la Segunda República, en marzo de 1939 apoyó el llamado golpe de Casado y aceptó presidir el Consejo Nacional de Defensa que intentó negociar, sin éxito, el fin de las hostilidades.

Ante el hundimiento de la república Miaja partió al exilio. El 29 de marzo abandonó España rumbo a Orán. Después marchó a Francia y, finalmente, a México. Miaja falleció en Ciudad de México el 14 de enero de 1958, a la edad de setenta y nueve años.

López Fernández, Antonio (1975). *General Miaja, defensor de Madrid.* Madrid: Editorial Gregorio del Toro.

Fuente fotografía: Internet. https://www.lavozdelarepublica.es

## (7) GENERAL POZAS

Sebastián Pozas Perea (Zaragoza, 1876 – Ciudad de México, 1946) fue un militar español que luchó en la Guerra Civil Española al servicio de la República. Se le consideraba un oficial africanista y sin pasado político, aunque Pozas creía en la absoluta autoridad del poder civil sobre el militar. Al comienzo de la contienda estaba a cargo de la Guardia Civil, organismo que logró mantener en parte fiel a la República. Fue uno de los participantes de la defensa de Madrid en sus inicios y posteriormente estuvo a cargo del Ejército del Este en Aragón. A pesar de haber logrado la militarización de las milicias que combatían en el Frente de Aragón, las ofensivas que emprendió en este frente resultaron un fracaso. A comienzos de 1936 el ministro de la Gobernación Portela Valladares le nombró director general de la Guardia Civil, teniendo bajo su mando a más de 35.000 efectivos.

Con la sublevación del 18 de julio de 1936 que daría lugar a la guerra civil, Pozas se situó en defensa de la legalidad constitucional y consiguió que un gran número de unidades del cuerpo de la Guardia Civil se mantuviesen leales a la República, exhortando a las fuerzas a sus órdenes a que cumpliesen «con absoluta lealtad el precepto reglamentario de permanecer fieles a su deber por el honor de la Institución». El 19 de julio es nombrado Ministro de Gobernación en el gobierno de José Giral, y procede entonces a la distribución de armamento entre los civiles. Durante su mandato, se cambió el nombre de la Guardia Civil, que pasó a llamarse Guardia Nacional Republicana. Al final de la contienda se exilió en México.

Alpert, Michael (1989). *El Ejército Republicano en la Guerra Civil, Siglo XXI de España*, Madrid. ISBN 84-3230-682-2

Fuente fotografía: Internet. Real academia de la Historia.

## (8) JOSÉ CALVO SOTELO

(Tuy, 6 de mayo de 1893-Madrid, 13 de julio de 1936)

Fue un político y jurisconsulto español, ministro de Hacienda entre 1925 y 1930, durante la dictadura de Primo de Rivera. Exiliado en Portugal, evitó así ser juzgado durante los primeros años de la Segunda República por sus responsabilidades como ministro de la dictadura; no obstante, fue elegido diputado en todas las legislaturas, incorporándose a su escaño tras una amnistía durante el bienio radical-cedista en 1934. Destacó como líder de las fuerzas que pretendían la instauración de una monarquía autoritaria corporativista a través del partido Renovación Española, aunque no mantuvo muy buena relación con las otras fuerzas de la derecha: la mayoritaria, partidaria de contemporizar con la República (CEDA) y las más próximas al fascismo, como Falange Española.

En el tenso periodo entre febrero y julio de 1936, protagonizó varios debates en las Cortes en los que pidió al Gobierno que restableciese el orden público, a su juicio totalmente quebrado, reclamando que en caso contrario tal tarea fuera asumida por el Ejército. Estas intervenciones parlamentarias le granjearon una enorme popularidad entre algunos sectores conservadores pero también mucha oposición en otros.

En la madrugada del 13 de julio de 1936 fue detenido irregularmente en su casa por La Motorizada, una especie de milicia de los socialistas madrileños, y durante el traslado fue asesinado mediante un tiro a la cabeza por el pistolero socialista Luis Cuenca, guardaespaldas del entonces líder del partido socialista Indalecio Prieto. El suceso tuvo un hondo impacto entre la clase media española de la época y polarizó aún más el ya tenso ambiente político que reinaba entonces. Este suceso fue el que provocó que el general Francisco Franco decidiese unirse al golpe de Estado que desde hacía tiempo se preparaba contra la República. En la dictadura fue honrado como Protomártir de la Cruzada o Protomártir del Movimiento Nacional.

Alfonso Bullón de Mendoza y Gómez de Valugera. *José Calvo Sotelo.* Barcelona, Ariel, 2004. ISBN 84-344-6718-6
Fuente fotografía: Internet, Wikipedia.

## (9) UNIÓN MILITAR REPUBLICANA ANTIFASCISTA (UMRA)

La Unión Militar Republicana Antifascista (UMRA) fue una asociación española clandestina militar de tendencia izquierdista surgida hacia 1934 en la época de la II República Española. Surgió en respuesta a la actividad de su antagónica Unión Militar Española (UME), de signo reaccionario y conservador y creada en diciembre de 1933. Muchos militares que luego se mantuvieron fieles a la República durante la Guerra Civil Española habían pertenecido o participado en la UMRA antes de la contienda.

Los antecedentes de la Unión Militar Republicana Antifascista (UMRA) hay que buscarlos en la Unión Militar Antifascista (UMA), que nació con los siguientes fines: contrarrestar la actividad de la UME; prestar ayuda de todo género a los compañeros presos; unir a los militares republicanos para que los gobernantes tuvieran un instrumento contra la reacción.

Después de la victoria del Frente Popular en las Elecciones de febrero de 1936 crecieron las conspiraciones de los sectores más conservadores del Ejército, que buscaban derribar definitivamente a la República. La actividad de sectores de la extrema-derecha contra significados militares republicanos, como el capitán Carlos Faraudo (ya afiliado la UMRA) asesinado el 9 de mayo. Su muerte provocó que entre los miembros de la UMRA se organizaran escoltas para los más integrantes más significativos y sus cuadros de mando, pero ello no pudo evitar que 2 meses después fuera asesinado otro de sus miembros, el Teniente Castillo.

Suero Roca, M. Teresa (1981); *Militares republicanos de la Guerra de España.* Ediciones Península Ibérica, Barcelona, ISBN 84-297-1706-4.

# (10) JOSÉ ALONSO MALLOL

José Alonso Mallol (Alicante, 30 de agosto de 1894–c. 1967).

Fue un político español, que destacó en los meses previos a la Guerra Civil Española por su puesto como Director General de Seguridad. Durante el periodo de la Segunda República Española ocupó diversos puestos en la administración. Al final de la guerra civil marchó al exilio, estableciéndose en México junto a otros destacados republicanos.

Durante sus primeros años estuvo afiliado al Partido Republicano Radical Socialista (PRRS), aunque posteriormente se integraría en Izquierda Republicana (IR).

Tras la victoria del Frente Popular en las Elecciones de febrero de 1936, el nuevo gobierno le nombró director general de Seguridad. Desde ese puesto, el 14 de marzo ordenó la detención de José Antonio Primo de Rivera y de otros de dirigentes de Falange por tenencia ilegal de armas. Desde su nombramiento como director general de Seguridad, Alonso Mallol se centró en intentar combatir la creciente violencia falangista en las calles y la conspiración militar que estaba teniendo lugar. Bajo su iniciativa, se instalaron numerosas escuchas telefónicas en todos aquellos domicilios y lugares donde se estaba urdiendo la conspiración. Para el mes de mayo ya tenía confeccionada una lista de 500 implicados en la conspiración que entregó al presidente Manuel Azaña y al jefe del gobierno, Santiago Casares Quiroga, «con la recomendación de que se procediera a su detención». Pero Azaña y Casares Quiroga no hicieron nada al respecto.

Egido León, Ángeles (2006). *Republicanos en la memoria: Azaña y los suyos.* Madrid: Eneida. ISBN 9788495427908.

Fuente fotografía: Internet. https://alicanteplaza.es

## (11) JOSÉ MARÍA GIL-ROBLES

José María Gil Robles y Quiñones (Salamanca, 27 de noviembre de 1898-Madrid, 14 de septiembre de 1980) fue un político y abogado español, diputado en las Cortes republicanas entre 1931 y 1939, y ministro de la Guerra en 1935.

Militó desde su juventud en organizaciones políticas y sociales católicas, como la Asociación Católica Nacional de Propagandistas.

Presentado en las candidaturas del Bloque Agrario, fue elegido diputado en las primeras elecciones de la Segunda República, celebradas en junio de 1931, dos meses después de la proclamación de ésta.

En 1931 pasó a militar en Acción Nacional, creada poco antes por Ángel Herrera Oria y rebautizada en 1932 como Acción Popular, cuando Gil-Robles era ya uno de sus principales dirigentes.

Defendió la postura del accidentalismo, según la cual lo importante no era la forma del Estado (monarquía o república), sino que este defendiera los intereses de la Iglesia. Esto chocó con otras posiciones derechistas, que se declararon opuestas a la República desde el principio.

A finales de febrero y principios de marzo de 1933 participó en la creación de la Confederación Española de Derechas Autónomas (CEDA), al integrar en ella a Acción Popular. Su nuevo partido obtuvo la victoria en los comicios, pero con una escasa mayoría (115 escaños de 450), lo cual le imposibilitaba para formar gobierno en solitario. Apoyó al nuevo gabinete presidido por Alejandro Lerroux desde ese mismo mes, así como a los siguientes, encabezados también por otras figuras del Partido Republicano Radical de Lerroux.

El 6 de mayo de 1935 fue nombrado ministro de la Guerra por Lerroux, cargo desde el que promocionaría a varios militares que terminarían teniendo un gran protagonismo durante la posterior Guerra Civil. Así, ordenó que el general Francisco Franco se hiciera cargo del mando del Estado Mayor Central, el general Emilio Mola volviera al servicio activo y tomara el mando de las fuerzas del Protectorado español de Marruecos, el general Joaquín Fanjul fuera nombrado subsecretario y se ascendiera a general de brigada al bilaureado coronel José Enrique Varela. Como contrapartida, desaparecieron del ministerio los hombres de Manuel Azaña, se restablecieron los Tribunales de Honor y se autorizaron los actos religiosos en los cuarteles. Gil Robles también nombró a muchos militares de la antirrepublicana Unión Militar Española (UME) para cargos relevantes

Después de la victoria del Frente Popular en las elecciones de febrero de 1936 se convirtió en el jefe de la oposición parlamentaria. Manifestó públicamente su aversión hacia la democracia inorgánica y el parlamentarismo, mostrándose partidario del establecimiento de «un Gobierno fuerte, un Gobierno autoritario, de plenos poderes». Sin embargo, su figura se vio cada vez más eclipsada por los postulados más radicales de José Calvo Sotelo, asesinado en la noche del 12 al 13 de julio de ese año. En la mañana del día 15 Gil-Robles pronunció un violento discurso ante la Diputación permanente de las Cortes en el que daba por rota la convivencia civil y acto seguido abandonó España y se dirigió a Francia.

Aróstegui, Julio (2006). *Por qué el 18 de julio... Y después.* Barcelona: Flor del Viento Ediciones. ISBN 84-96495-13-2.

González Calleja, Eduardo (2011). *Contrarrevolucionarios: Radicalización violenta de las derechas durante la Segunda República, 1931-1936.* Alianza Editorial. ISBN 978-84-206-6455-2.
Fuente fotografía. Internet. https://www.buscabiografias.com

## (12) FERNANDO CONDÉS

Fernando Condés Romero (Lavadores, Vigo, 1906- Madrid, 29 de julio de 1936) fue un militar español, oficial de la Guardia Civil. Vinculado al PSOE, fue instructor de milicias socialistas y encabezó el grupo de policías y civiles que detuvo al diputado José Calvo Sotelo en represalia por el asesinato del teniente castillo.

Hijo de un comandante de Infantería, cursó la carrera militar siendo destinado al Protectorado español de Marruecos, entonces en guerra, donde conoció a José del Castillo Sáenz de Tejada. En 1928 ingresó en la Guardia Civil y en su destino en el Parque de Automóviles de la Guardia Civil en Madrid conoció a la diputada por Badajoz Margarita Nelken, de la que fue gran amigo y quien le presentó a Largo Caballero.

Militante del PSOE, como sus amigos el teniente Castillo y el capitán Faraudo, tomó parte en la intentona revolucionaria de octubre de 1934 organizada por las organizaciones socialistas, intentando ocupar el Parque de Automóviles de la Guardia Civil con el apoyo de la sección de Infantería de Castillo, sin conseguirlo. Condés fue juzgado, condenado, expulsado de la Guardia Civil, y enviado a Prisiones Militares.

Con el triunfo del Frente Popular en las elecciones de febrero de 1936 fue amnistiado, siendo reincorporado y ascendido, por escalafón, al rango de capitán, aunque la Guardia Civil le dejó en situación de disponible forzoso, por su participación en los hechos de octubre de 1934.

Ingresó también, junto con Del Castillo y Faraudo, en la Unión Militar Republicana Antifascista (UMRA). Tras su salida de la cárcel fue instructor de "La Motorizada", una milicia socialista compuesta por miembros de las Juventudes Socialistas madrileñas que no habían participado en la fusión con las juventudes comunistas para formar las Juventudes Socialistas Unificadas y que, entre otras funciones, servía habitualmente de escolta a Indalecio Prieto.

El 8 de mayo de 1936, el capitán Faraudo fue asesinado por pistoleros falangistas, un hecho que causó gran conmoción en su entorno, las juventudes socialistas y los partidos de izquierda en general. El 12 de julio, pistoleros no identificados acabaron con la vida del teniente Castillo. Esa madrugada se congregaron en el cuartel de la Guardia de Asalto de Pontejos paisanos pertenecientes a las milicias socialistas entre los que se encontraba Condés. También se encontraba un amigo de Condés, Santiago Garcés y otros miembros de la Motorizada, como Luis Cuenca.

De Pontejos partió una camioneta en la que se hallaba un grupo de guardias de Asalto, miembros de las milicias socialistas y el propio Condés. Con el pretexto de efectuar un registro, y amparados en las credenciales de la Guardia Civil de Condés, este y algunos otros penetraron en casa del diputado derechista y monárquico José Calvo Sotelo, a quien pidieron les acompañase a la Dirección General de Seguridad (DGS). En mitad del trayecto, Luis Cuenca Estevas, miembro de las milicias socialistas, le asesinó por la espalda descerrajándole dos disparos, el primero de ellos en la nuca.

Pocos días después, iniciada la sublevación militar, Condés participó en el asalto al Cuartel de la Montaña. Posteriormente fue nombrado director técnico de la Motorizada, y al comienzo de la Guerra Civil Española marchó a combatir en Somosierra, donde el 26 de julio cayó mortalmente herido, falleciendo tres días después en un hospital de Madrid.

GIBSON, Ian (1982). *La noche en que mataron a Calvo Sotelo.* Barcelona: Argos Vergara. ISBN 84-7178-370-3.
Fuente fotogrfía: Internet, Fundación Pablo Iglesias.

## (13) REVOLUCIÓN DE ASTURIAS DE 1934

La Revolución de Asturias fue una insurrección obrera ocurrida en Asturias en el mes de octubre de 1934 que formaba parte de la huelga general revolucionaria organizada por los socialistas en toda España conocida con el nombre de Revolución de octubre de 1934 y que sólo arraigó completamente en Asturias, debido fundamentalmente a que allí la anarquista CNT sí se integró en la Alianza Obrera propuesta por los socialistas de la UGT y el PSOE, a diferencia de lo sucedido en el resto de España.

Fue duramente reprimida por el gobierno radical-cedista de Alejandro Lerroux, contra el que se había lanzado la insurrección por haber dado entrada en el gobierno a tres ministros de la CEDA, recurriendo, por decisión del general Franco que dirigió las operaciones militares desde Madrid, a las tropas coloniales marroquíes —los regulares del Ejército de África— y a la Legión procedentes del Marruecos español. A pesar de ser derrotada, la Revolución de Asturias se convirtió en casi un mito para la izquierda obrera española y europea, a la altura de la Comuna de París o el Sóviet de Petrogrado de 1917, ya que fue la «última revolución social, bien que fracasada, del occidente europeo».

A los tres días de iniciada la insurrección buena parte de Asturias ya se encontraba en manos de los mineros, incluidas las fábricas de armas de Trubia y La Vega que se pusieron a trabajar día y noche. En toda la provincia se organizó un Ejército Rojo, que al cabo de diez días llegó a alcanzar unos 30.000 efectivos, en su mayoría obreros y mineros.

Desde el gobierno consideran que la revuelta asturiana es una guerra civil en toda regla, aun desconociendo que los mineros empiezan a considerar en Mieres la posibilidad de una marcha sobre Madrid. El gobierno adopta una serie de medidas enérgicas. Ante la petición de Gil-Robles comunicando a Lerroux que no se fía del jefe de Estado Mayor, general Masquelet, los generales Goded y Franco (que tenían experiencia al haber participado en la represión de la huelga general de 1917 en Asturias) son llamados para que dirijan la represión de la rebelión desde el Estado Mayor en Madrid. Estos recomiendan que se traigan tropas de la Legión y de Regulares desde Marruecos. También fueron enviados el crucero Almirante Cervera y el acorazado "Jaime I", que participaron en el bombardeo de algunos núcleos costeros.

Durante los combates que siguieron al levantamiento armado murieron 1100 personas entre las que apoyaron la insurrección, además de unos 2000 heridos, y hubo unos 300 muertos entre las fuerzas de seguridad y el ejército; 34 sacerdotes y religiosos fueron asesinados. La ciudad de Oviedo quedó asolada en buena parte.

La represión de la sublevación llevada a cabo por las tropas coloniales fue muy dura e incluso se dieron casos de saqueos, violaciones y ejecuciones sumarias.

La revuelta asturiana resistió por espacio de dos semanas los violentos combates con las Fuerzas Armadas gracias al terreno montañoso y a la pericia de los mineros.

García Gómez, Emilio. (2019), *Asturias 1934. Historia de una tragedia.* 3ª edición. ISBN 978-84-1331-845-5.

## (14) PARTIDO REPUBLICANO RADICAL

El Partido Republicano Radical (PRR), también referido simplemente como Partido Radical, fue un partido político español. Fundado por Alejandro Lerroux, en el momento de su creación en enero de 1908 el partido lograría atraer hacia sus filas a buena parte del lerrouxismo, un movimiento anticlerical, anticatalanista, liberal y republicano. Si bien durante sus primeros años tuvo un papel discreto, durante la etapa de la Segunda República se convirtió en una de las principales formaciones políticas españolas, llegando a participar en el Gobierno en varias ocasiones. Afectado por varios escándalos de corrupción y por su creciente derechización política, el Partido Radical entró en una fuerte crisis que significó su desaparición de la vida pública española. Terminaría desapareciendo tras el estallido de la Guerra Civil.

En sus inicios, mantuvo un discurso de corte obrerista, anticlerical y anticatalanista, consiguiendo politizar a las masas obreras y atraer a una parte importante de los sectores inmigrantes. Lerroux, sin embargo, daría un giro hacia posturas centristas a partir de 1910, en el convencimiento de que el republicanismo español carecía de «respetabilidad» y de un verdadero apoyo social. Desde ese momento, Lerroux centraría sus esfuerzos en hacer del Partido Republicano Radical una formación política de corte interclasista, que agrupara a diversos sectores. Progresivamente, fue abandonando su demagogia y se acercó a las clases medias.

En diciembre de 1931, Lerroux abandonó el Gobierno de Azaña por estar en desacuerdo con la continuidad de la coalición republicana-socialista que lo sustentaba. A partir de entonces, lideró la oposición parlamentaria desde el centro-derecha, lo que le sirvió para atraer a ciertas figuras políticas moderadas que fueron monárquicas antes de la Dictadura de Primo de Rivera, como Santiago Alba.

Las políticas cada vez más derechistas del Partido Republicano Radical empezaron a crear fuertes disensiones en su seno, algo que se manifestó plenamente cuando la diputada Clara Campoamor abandonó el partido. En abril de 1934, ya al mando del Gobierno republicano, Diego Martínez Barrio salió del partido con los cuadros más centristas de los radicales para fundar el Partido Radical Demócrata, que posteriormente sería el núcleo en que se constituiría la nueva Unión Republicana. Este sector del PRR se mostraba en desacuerdo con la creciente línea derechista de la mayoría radical, que pretendía seguir gobernando con el apoyo decisivo de la CEDA.

En las elecciones generales de 1936, que dieron el triunfo a la coalición de izquierdas del Frente Popular, el PRR sufrió un fuerte descalabro: obtuvo solo 5 diputados. En la práctica, esto dejó al Partido Radical en la irrelevancia política. Ni siquiera Lerroux logró obtener representación parlamentaria.

Como el resto de partidos políticos activos durante la República, el Partido Republicano Radical fue ilegalizado tras la victoria del bando sublevado en la guerra civil.

Checa Godoy, Antonio (1989). *Prensa y partidos políticos durante la II República.* Universidad de Salamanca. ISBN 84-7481-521-5.

## (15) MANUEL AZAÑA

Manuel Azaña Díaz (Alcalá de Henares, 10 de enero de 1880-Montauban, 3 de noviembre de 1940) fue un político, escritor y periodista español, presidente del Consejo de Ministros (1931-1933) y presidente de la Segunda República (1936-1939). Destacó por las reformas que implementó durante su gobierno, el llamado bienio social-azañista, y por su papel como jefe del bando republicano durante la guerra civil española.

Perteneciente a la clase media alcalaína, procedía de una familia liberal y tuvo una educación religiosa, factores que formarían su pensamiento republicano, izquierdista y anticlerical. Tras licenciarse en Derecho, Azaña comienza a involucrarse en la vida cultural y política de la Restauración, abogando por mayores libertades económicas y derechos para los trabajadores.

Después de varios proyectos electorales de escaso éxito, crea Acción Republicana en 1926, en plena dictadura de Primo de Rivera. Azaña fue uno de los firmantes del pacto de San Sebastián en 1930, hecho que terminó por solidificar el republicanismo como alternativa política. Los conflictos de la Restauración culminan tras las elecciones municipales de abril de 1931 con la abdicación de Alfonso XIII y la proclamación de la Segunda República, cuyo gobierno presidirá Azaña durante unos meses de forma provisional.

Siendo elegido presidente del Gobierno en las elecciones generales de 1931, llevará a cabo reformas educativas, económicas, militares, sociales y estructurales, entre las que destacan la reforma agraria, la reforma militar, la creación de un estatuto de autonomía para Cataluña, y la laicización del Estado. El controvertido carácter de sus reformas, en conjunción con la Sanjurjada y los sucesos de Casas Viejas, llevaron a su dimisión en septiembre de 1933.

Pese a ser arrestado tras la revolución de 1934, sin que pudiese ser acusado de ningún delito, Azaña vuelve a la vida política refundando su partido en Izquierda Republicana, el cual formará parte del Frente Popular en las elecciones de 1936. Estas devuelven a Azaña a la presidencia del Gobierno, para después ser investido como presidente de la República, sustituyendo a Niceto Alcalá-Zamora, con Santiago Casares Quiroga en la jefatura de Gobierno. Al cabo de unos meses, se produce una sublevación militar cuyo fracaso inicia la guerra civil española. En este período, el papel de Azaña es reducido notoriamente ante la autoridad que el contexto bélico propicia a las milicias anarquistas y al Partido Comunista. Procuró la intervención franco-británica en el conflicto y una reconciliación nacional, demandada en su discurso Paz, piedad y perdón en 1938.

Una vez que el Gobierno francés abrió paso a civiles y militares por la frontera, en enero y febrero de 1939, Azaña, su familia y sus colaboradores se dirigieron hacia ella. Azaña dejó claro que, tras la guerra, no había vuelta posible a España. Murió en el exilio francés en 1940.

Juliá Díaz, Santos (2008). *Vida y tiempo de Manuel Azaña (1880-1940)*. Madrid: Taurus.

Fuente fotografía: Internet, Wikipedia.

## (16) SANTIAGO CASARES QUIROGA

Santiago Casares Quiroga (La Coruña, 8 de mayo de 1884-París, 17 de febrero de 1950) fue un abogado y político español de ideología republicana que ejercería importantes puestos durante la Segunda República.

Desde temprana edad estuvo ligado al republicanismo y llegó a militar en varias organizaciones políticas. Amigo personal de Manuel Azaña, formaría parte de varios gabinetes presididos por este, llegando a desempeñar las carteras de Marina, Gobernación u Obras Públicas. Durante el período republicano también fue diputado en las Cortes.

En mayo de 1936 fue nombrado presidente del Consejo de Ministros, por lo que estuvo al frente del gobierno de la República en los meses que precedieron al estallido de la guerra civil española. Considerado un líder ineficiente, su figura ha quedado vinculada al golpe de Estado de julio de 1936.

Se mostró confiado de poder controlar el movimiento subversivo. Cuando en la tarde del 17 de julio la guarnición de Melilla se sublevó, Casares Quiroga inicialmente se mantuvo optimista ante los acontecimientos. Casares continuó actuando como si todavía tuviese el control de la situación. En Madrid y otras capitales las organizaciones obreras, singularmente la CNT y la UGT, hicieron peticiones al gobierno para que autorizase el reparto de armas entre la población para resistir el golpe. Pero Casares Quiroga se negó rotundamente. Tampoco se declaró el estado de guerra. Exhausto por el rumbo de los acontecimientos, dimitió en la noche del 18 de julio.

Tras su dimisión como presidente del Gobierno, no quiso marchar al exilio, a pesar de que personas cercanas a él se lo recomendaron pues temían por su seguridad. No ocupó ningún cargo público durante la guerra civil. Su actividad política se centró en su partido Izquierda Republicana, liderando su apoyo al Gobierno desde el grupo parlamentario en las Cortes. Trabajó siempre en segundo plano, muy próximo al presidente Azaña. Finalmente en 1939 se exilió en París, falleciendo en febrero de 1950.

Páramo Casas, Andrés (2005). «*Casares Quiroga o el compromiso republicano*».
Cuadernos republicanos (Madrid: Centro de Investigación y Estudios
Republicanos) (58): 107-118. ISSN 1131-
Fuente fotografía: Internet, Wikipedia.

## (17) INDALECIO PRIETO

Indalecio Prieto Tuero (Oviedo, 30 de abril de 1883–Ciudad de México, 12 de febrero de 1962) fue un político español del Partido Socialista Obrero Español (PSOE), titular de las carteras ministeriales de Hacienda, Obras Públicas, Marina y Aire y Defensa Nacional durante la Segunda República. Exiliado en México tras la derrota republicana en la guerra civil española, desempeñó la presidencia del PSOE entre 1948 y 1951.

Quedó huérfano de padre muy pronto. De origen humilde, muy pronto se fue a vivir a Bilbao, donde estudió en un centro religioso protestante. Autodidacta, se vio obligado a trabajar desde muy joven en los más diversos oficios para ganarse la vida. Cuando apenas tenía catorce años comenzó a asistir al Centro Obrero de Bilbao, donde se relacionó con los socialistas, e ingresó en 1899 en la Agrupación Socialista de Bilbao. Inició su vida laboral como taquígrafo en el diario La Voz de Vizcaya. Ya convertido en periodista, empieza a trabajar como redactor del diario El Liberal, del que con el tiempo llegaría a ser director y propietario, y que sería el altavoz de sus opiniones políticas.

Como periodista, en la primera década del siglo xx, Prieto se convierte en figura destacada del socialismo en las Provincias Vascas. En este oficio aprendió los recursos de la oratoria que tan importantes fueron en su carrera política posterior.

Su fama como parlamentario aumentó en paralelo a su influencia en el partido, entrando en la Ejecutiva del Partido Socialista Obrero Español (PSOE). Opuesto a la facción liderada por Francisco Largo Caballero, mantuvo agrios enfrentamientos con Largo, lo que le llevó a apartarse de la dirección del partido. En este sentido, Prieto representó una posición intermedia entre la moderación de Julián Besteiro y el radicalismo sindical de Largo Caballero.

Proclamada la Segunda República el 14 de abril de 1931, Prieto fue puesto al frente del Ministerio de Hacienda del Gobierno provisional presidido por Niceto Alcalá-Zamora.

En las elecciones de 1936 resultó elegido diputado por la circunscripción de Bilbao.

El enfrentamiento con Largo Caballero alcanzó su clímax en el mitin de Écija que tuvo lugar el 31 de mayo. El mitin fue boicoteado violentamente por los partidarios de Largo Caballero hasta el punto que Prieto tuvo que abandonar la localidad sin haber podido pronunciar su discurso para evitar ser agredido. Un disparo impactó en una ventanilla del coche donde se marchaba a toda velocidad escoltado por milicianos socialistas de «La Motorizada».

Prieto era un firme convencido de que la situación política y social de España en 1936 necesariamente desembocaría en una guerra civil, y así lo escribió y publicó en diversas ocasiones a lo largo de la primavera de dicho año.

Iniciada la guerra, aunque no formó parte del gobierno, tuvo una gran actividad política y en el seno del propio gobierno. Se mostró contrario a la violencia revolucionaria que se desató en la zona republicana, y cuando se produjo la Matanza de la cárcel Modelo de Madrid llegó a decir: «La brutalidad de lo que aquí acaba de ocurrir significa, nada menos, que con esto hemos perdido la guerra».

Tras la caída del Frente Norte en octubre, presentó la dimisión que no le fue aceptada, aunque en abril de 1938, tras el derrumbe del frente de Aragón y sus enfrentamientos con Negrín y con los ministros comunistas, salió del gobierno.

Se aparta de la política activa el resto de la guerra, aunque acepta una embajada extraordinaria en varios países de Sudamérica, donde le sorprende el fin de la guerra. Falleció en Ciudad de México el 12 de febrero de 1962.

Cabezas, Octavio (2005). *Indalecio Prieto, socialista y español.* Madrid: Algaba Ediciones. ISBN 9788469753392.

Fuente fotografía: Internet, Wikipedia.

## (18) FRANCISCO LARGO CABALLERO

(Madrid, 15 de octubre de 1869-París, 23 de marzo de 1946).

Fue un sindicalista y político marxista español, histórico dirigente del Partido Socialista Obrero Español (PSOE) y la Unión General de Trabajadores (UGT). Desempeñó la presidencia del Consejo de Ministros de la Segunda República entre septiembre de 1936 y mayo de 1937.

Estuquista de profesión, ingresó en la UGT en 1890 y en el PSOE en 1893, y se convirtió en uno de los primeros concejales del partido en el municipio de Madrid, electo en las municipales de 1905. Asumió un papel protagonista en la convocatoria de la huelga general de 1917. Fue partidario de aceptar la línea de colaboración que tendió a la UGT y a los socialistas la dictadura de Primo de Rivera y llegó a ejercer como consejero de Estado durante este período.

Tras la proclamación de la Segunda República pasó a desempeñar la cartera de Trabajo del gobierno provisional. Escéptico con las posibilidades que ofrecía a la clase obrera la República burguesa, en el verano de 1933 radicalizó su discurso en una línea revolucionaria —lo que hizo que se ganara efímeramente entre algunos el apodo de «el Lenin español»— y preconizó la huelga general revolucionaria de 1934, iniciada a raíz del anuncio de la entrada de ministros de la CEDA en el gobierno radical.

Una vez comenzada la guerra civil, pasó a encabezar en septiembre de 1936 el consejo de ministros formado tras el colapso del gobierno de José Giral (asumiendo igualmente la cartera de Guerra), convirtiéndose así en el primer líder obrero en desempeñar la jefatura de gobierno en España.

Durante la guerra civil puso empeño en tratar de restablecer la autoridad en la zona republicana. Salió del gobierno tras las jornadas de mayo de 1937.

Exiliado a Francia tras la derrota republicana, fue hecho prisionero del campo de concentración nazi de Sachsenhausen. Liberado en 1945, falleció meses más tarde, en París.

Castellano, Pablo (1975). «Francisco Largo Caballero (1869-1946)». Tiempo de Historia 1 (9): 15-28 – via Universidad de Salamanca.
Fuente fotografía: Internet, Wikipedia.

## (19) CAPITÁN CARLOS FARAUDO

Carlos Faraudo y de Micheonota (Madrid, 19 de abril de 1901–9 de mayo de 1936) fue un militar español de ideas socialistas que fue asesinado seguramente por pistoleros falangistas cuando paseaba con su esposa por las calles de Madrid. Tres meses antes se había constituido el gobierno del Frente Popular, presidido por Manuel Azaña, tras ganar las elecciones generales de febrero de 1936.

Faurado procedía de una acaudalada familia de la alta burguesía. Tras realizar estudios militares en la Academia de Ingenieros de Guadalajara, en agosto de 1923 se licenció con el rango de teniente. Fue destinado a Melilla poco después, y en noviembre de 1925 sería destinado a Madrid. En octubre de 1929 ascendió por antigüedad al rango de capitán. Tras la proclamación de la Segunda República Española, entre 1932 y 1933 estuvo destinado en Bolivia como instructor del Ejército boliviano. Tras el estallido de la Guerra del Chaco, regresó a España.

En 1931 Faraudo ingresó en el PSOE, momento a partir del cual aumentó su compromiso político. Durante su estancia en la Dehesa de la Villa entró en contacto con uno de los líderes socialistas, Francisco Largo Caballero. Fue instructor de las milicias de las Juventudes Socialistas. Posteriormente se afiliaría a la Unión Militar Republicana Antifascista (UMRA), una asociación militar clandestina de ideología izquierdista creada para contrarrestar a la derechista Unión Militar Española (UME).

Hacia las diez de la noche de aquel mismo día 8 el capitán Faraudo fue gravemente herido por un tiro en la espalda en la calle de Lista mientras regresaba a su domicilio junto a su esposa. El autor del disparo huyó en un automóvil en el que había otras personas. El asesino nunca fue identificado, aunque parece seguro que el atentado fue obra de unos falangistas. Su nombre aparecía en una lista supuestamente confeccionada por la UME de militares republicanos socialistas que debían ser asesinados.

Romero, Luis (1982). *Por qué y cómo mataron a Calvo Sotelo.* Premio Espejo de España 1982. Barcelona: Planeta. ISBN 84-320-5678-2.
Fuente fotografía: Internet, Fundación Pablo Iglesias.

## (20) UNIÓN MILITAR ESPAÑOLA (UME)

La Unión Militar Española (UME) era una asociación clandestina de jefes y oficiales del Ejército Español fundada en Madrid en diciembre de 1933, a principios del segundo bienio de la República Española, por militares descontentos con la reforma militar de Manuel Azaña y que en su mayoría se solidarizaban con los miembros del Ejército condenados por el fracasado golpe de Estado del general Sanjurjo del 10 de agosto de 1932 (la jefatura suprema nominal de la UME la ostentará precisamente el general Sanjurjo).

Tiene su antecedente en las Juntas de Defensa que surgieron en 1917 durante la Crisis de la Restauración. Hay historiadores que la definen como «una asociación semisecreta constituida en 1933 por oficiales de extrema derecha, sobre todo monárquicos, pero también falangistas, cuya finalidad era abatir la República democrática».

Del seno de la UME salieron bastantes de los militares que apoyaron el Golpe de Estado de julio de 1936 como fueron el General Goded y Joaquín Fanjul. El conspirador Emilio Mola establece contacto con la UME a través de la Junta de Barcelona presidida por el teniente coronel Isarre Bescós.

El 14 de junio Antonio Goicoechea, de Renovación Española, informaba al líder fascista italiano Benito Mussolini sobre los preparativos del golpe en los que destacaba que una de las bazas de los conjurados era poder contar con la UME.

Julio Busquets. *La Unión militar española, 1933-1936.* (La guerra civil española / coord. por Manuel Tuñón de Lara, Vol. 3, 1996 ISBN 84-413-0433-5

# (21) LA MOTORIZADA

La Motorizada es el nombre con el que fue conocida una milicia socialista española creada en Madrid tras la victoria del Frente Popular en las elecciones generales de febrero de 1936. Estaba integrada por seguidores del socialista centrista Indalecio Prieto, que estaba enfrentado al sector radical del PSOE encabezado por Francisco Largo Caballero. Recibió el nombre de «La Motorizada» porque solían desplazarse en automóviles o en autocares. Dos de sus miembros, Luis Cuenca y Santiago Garcés, tomaron parte muy destacada en el rapto y asesinato del líder monárquico José Calvo Sotelo (Cuenca fue quien le disparó dos tiros en la nuca). Durante la guerra civil española fue uno de los grupos parapoliciales más activos en la represión indiscriminada y extrajudicial de los presuntos «fascistas» y «quintacolumnistas» en la ciudad de Madrid.

Se formó inicialmente con obreros pertenecientes al sindicato de UGT de Artes Blancas (panaderos) y que en su mayoría eran también miembros de las Juventudes Socialistas. La mandaba Enrique Puente Abuin y todos sus miembros llevaban pistolas. Según Ian Gibson, *"los chicos de "La Motorizada" eran incondicionales de Indalecio Prieto. No querían tener nada que ver con los comunistas, y menos, si cabía, con los seguidores del otro gran líder socialista, Francisco Largo Caballero. Por lo tanto no pertenecían a la Juventud Socialista Unificada".*

El hecho más grave protagonizado por miembros de «La Motorizada» antes del inicio de la guerra civil fue la participación de dos de ellos, Luis Cuenca y Santiago Garcés, en el asesinato de Calvo Sotelo.

La Motorizada" antes de la guerra contaba con solo unos treinta o cuarenta miembros, los más allegados a la directiva de la Juventud Socialista Madrileña. Eran enemigos de los comunistas, y, desde luego, consideraban totalmente equivocadas las tesis de Largo Caballero.

Gibson, Ian (1982). *La noche en que mataron a Calvo Sotelo* (5ª edición). Barcelona: Argos Vergara. ISBN 84-7178-370-3.

## (22) RENOVACIÓN ESPAÑOLA

Renovación Española (RE) fue un partido político español de ideología monárquica y derechista que existió durante el período de la Segunda República Española. Jugó un importante papel en los meses previos a la Guerra Civil Española.

El grupo se formó en enero de 1933 después de que Goicoechea y algunos de sus seguidores se separaran de Acción Popular, tras recibir la aprobación del antiguo rey Alfonso XIII para formar un nuevo partido. No obstante, inicialmente RE mantuvo buenas relaciones con los carlistas y trató de colaborar con ellos en diversas conspiraciones antirrepublicanas. Incluso antes de la Guerra Civil, el partido estuvo vinculado a la Falange de José Antonio Primo de Rivera, contribuyendo con el pago de un subsidio mensual de 10 000 pesetas.

RE se definía como un partido monárquico, defensor del legado de Alfonso XIII. A pesar de tener una pequeña representación en las Cortes, su importancia se debía a que representaba los intereses de las clases altas, entre ellas la todavía pujante aristocracia de la época. Además, recogía parte de la herencia del maurismo. Dentro de las huestes alfonsinas convivieron dos tendencias internas: una vertiente conservadora autoritaria, encabezada por Antonio Goicoechea, y otra que bebía en mayor medida que la anterior de los movimientos europeos de extrema derecha totalitaria del momento, que, desde 1934, lideraría José Calvo Sotelo.

El partido fue liderado en un principio por Antonio Goicoechea, hasta que en 1934 el político derechista José Calvo Sotelo regresó del exilio e ingresa en Renovación Española. La formación fue derivando, con el tiempo, hacia un neo-tradicionalismo contrarrevolucionario influido por la Acción francesa, que pretendía influir culturalmente en la sociedad para facilitar un golpe de Estado desde el gobierno o a través del Ejército. Calvo Sotelo —político con mayor carisma que Goicoechea—, que había conseguido acta de diputado ya en las elecciones de noviembre de 1933, con su verbo fácil y sus incisivas invectivas contra el gobierno republicano en las Cortes se convirtió en el líder natural de la derecha española. Propuso la creación de un "Bloque Nacional", en la intención de unir a las derechas tras su ideario, pero solo consiguió la adhesión de los albiñanistas y los carlistas, con los que ya había constituido en marzo de 1933 una oficina electoral denominada Tradicionalistas y Renovación Española (TYRE).

RE estuvo íntimamente ligada con la asociación derechista Unión Militar Española (UME), que jugó un importante papel en la planificación del Golpe de Estado que llevaría a la Guerra civil.

González Calleja, Eduardo (2011). *Contrarrevolucionarios: Radicalización violenta de las derechas durante la Segunda República, 1931-1936*. Madrid: Alianza Editorial. ISBN 978-84-206-6455-2.

## (23) ANTONIO GOICOECHEA

Antonio Goicoechea Cosculluela (Barcelona, 21 de enero de 1876-Madrid, 11 de febrero de 1953) fue un abogado y político español, diputado, senador y ministro durante el reinado de Alfonso XIII, vinculado a la facción maurista, y jefe del partido de la derecha monárquica alfonsina Renovación Española en los años de la Segunda República.

Cuando se proclamó la Segunda República se unió a Acción Nacional de la que se separó en enero de 1933 para crear Renovación Española, del que fue presidente y por el cual fue elegido diputado a Cortes en las elecciones generales de 1933. Goicoechea fue uno de los principales partidarios del retorno de la monarquía alfonsina. También era íntimo amigo de José Antonio Primo de Rivera, hijo del dictador, y de hecho Goicoechea buscó la máxima cooperación con Falange Española. Sin embargo, el ingreso en el partido de José Calvo Sotelo, figura con más carisma que Goicoechea y que había vuelto de su exilio autoimpuesto en Francia con las pretensiones de imprimir un cariz más totalitario a la derecha radical alfonsina, eclipsó la figura de Goicoechea, el cual no fue elegido diputado en las elecciones generales de 1936. Durante estos años Goicoechea se convirtió en el principal contacto de Mussolini en España. De hecho, el 31 de marzo de 1934 ya había firmado un pacto secreto con la Italia fascista para obtener ayuda bélica (fusiles, bombas de mano y ametralladoras) y financiera destinada a liquidar la joven democracia republicana en España; él mismo sería encargado por su partido para administrar esos medios, entre ellos un millón y medio de pesetas en metálico como dotación inicial. Tras el asesinato de Calvo Sotelo el 13 de julio de 1936, Goicoechea volvió a convertirse en el principal líder de Renovación Española.

Participó activamente en la preparación de la sublevación militar que dio origen a la Guerra Civil. Perfectamente enterado de los planes golpistas

Cuando Franco aprobó el Decreto de Unificación en abril de 1937 Goicoechea disolvió formalmente Renovación Española. Esto supuso el final de su actividad política.

Entre abril de 1938 y agosto de 1950 desempeñó el cargo de gobernador del Banco de España. También fue presidente del Banco Exterior de España y decano del Colegio de Abogados de Madrid. Durante la Dictadura franquista también ejerció como procurador en las Cortes franquistas, en representación de Asociaciones, Colegios y Cámaras. En 1943, junto con otros procuradores, firmó un escrito dirigido a Francisco Franco en el que solicitaba la restauración de la monarquía, "continuadora de nuestra tradición histórica".

Falleció el 11 de febrero de 1953 en su domicilio de Madrid.

González Cuevas, Pedro Carlos (2001). *«Antonio Goicoechea. Político y doctrinario monárquico». Historia y política: Ideas, procesos y movimientos sociales* (Madrid: Centro de Estudios Políticos y Constitucionales, Universidad Complutense de Madrid y Universidad Nacional de Educación a Distancia) (6): 161-190. ISSN 1575-0361.

Fuente fotografía: Internet, Wikipedia.

# (24) JUAN MOLÉS

Juan Moles Ormellaa (Barcelona, 25 de junio de 1871–Ciudad de México, 10 de enero de 1945) fue un abogado y político español de ideología republicana. Durante la Segunda República ocupó diversos puestos en la administración, como Alto comisario de España en Marruecos o ministro de la Gobernación. Tras el final de la guerra civil se exilió en México.

Militó sucesivamente en la Unión Republicana, el Centro Nacionalista Republicano y la Unión Federal Nacionalista Republicana.

Durante la Segunda República Española ocupó diversos cargos durante el bienio progresista y durante los gobiernos sustentados por el Frente Popular. Así, fue gobernador civil de Barcelona, alto comisario de España en Marruecos (entre 1933 y 1934) y, tras las elecciones de febrero de 1936, gobernador general de Cataluña y presidente interino de la Generalidad de Cataluña. Al llegar a la presidencia del Consejo de Santiago Casares Quiroga en mayo fue nombrado ministro de Gobernación, puesto que ocupó del 13 de mayo al 18 de julio de 1936. Algunos autores han señalado sus carencias a la hora de atajar la conspiración cívico-militar contra la República.

Permaneció en la zona republicana durante la Guerra Civil, aunque sin tener ningún protagonismo político. Tras el fin de la Guerra se exilió en Francia (en Ille-sur-Têt) para pasar en abril de 1942 a México, donde Murió en 1945.

Urquijo Goitia, José Ramón (2008) [2001]. *Gobiernos y ministros españoles en la edad contemporánea*. Madrid: CSIC.

Fuente fotografía: Internet. Gran Enciclopedia Catalana.

## (25) MARGARITA NELKEN

Margarita Nelken Mansberger (Madrid, 5 de julio de 1894-Ciudad de México, 8 de marzo de 1968) fue una escritora, crítica de arte y política feminista española. Obtuvo, como miembro del PSOE, escaño de diputada en las tres elecciones generales de la Segunda República, sin embargo a finales de 1936, una vez iniciada la Guerra Civil Española se afilió al PCE, formación de la que fue expulsada seis años más tarde. Tras el fin de la contienda, se exilió en México, donde falleció.

Hija de una francesa y de un joyero español, ambos descendientes de judíos alemanes, había nacido en pleno corazón madrileño. Le gustaba mencionarlo, dado que el origen extranjero de su familia sería uno de los blancos preferidos de la derecha española respecto de su persona, junto a su intelecto y su defensa de los derechos de la mujer en plano de igualdad con el hombre. Margarita recibió una educación esmerada que se tradujo en tempranas inclinaciones hacia la pintura, las letras y la música. De inteligencia precoz. Abandonó sus primeras aficiones en plena juventud para dedicarse al activismo político y social, aunque seguiría siendo siempre una destacada publicista. Hablaba fluidamente francés y alemán.

En los primeros meses de 1931, ingresó en el PSOE y participó, como candidata de la Agrupación Socialista de Badajoz, en las elecciones parciales de octubre de 1931. Resultó elegida entonces y también en noviembre de 1933 y febrero de 1936. De hecho, es la única mujer que consiguió las tres actas parlamentarias durante la Segunda República. Una oradora carismática, fue muy popular en el medio rural por su defensa de las masas campesinas; se le culpó, injustamente, parte de responsabilidad en el desencadenamiento de los sucesos de Castilblanco (diciembre de 1931), a causa de los encendidos discursos que había realizado en la provincia de Badajoz a finales de año. Durante esta época fue muy crítica con las expeditivas actuaciones de la Guardia Civil y de los terratenientes.

Tras el fracaso de la Revolución de Asturias de 1934 a la entonces parlamentaria socialista se le retiró la inmunidad parlamentaria y fue procesada, siendo condenada a veinte años de prisión, si bien antes de que se dictase sentencia huyó a Francia. Volvió a tiempo de participar en las elecciones de febrero de 1936 como candidata socialista del Frente Popular siendo reelegida por Badajoz.

Durante los meses de gobierno en paz del Frente Popular, se alineó plenamente con las tesis revolucionarias del sector del PSOE encabezado por Francisco Largo Caballero y criticó duramente las posiciones moderadas del sector encabezado por Indalecio Prieto. Tras un viaje a la Rusia soviética defendió la unificación del PSOE y del PCE para formar el «partido único del proletariado» que llevara a cabo la revolución socialista.

Tras el estallido de la Guerra Civil, Margarita Nelken alertaba a la población republicana de Madrid contra los quintacolumnistas, llegando a pedir la pena de muerte para estos. Se le responsabilizaba de estar al frente de un grupo de violentas Juventudes Socialistas Unificadas. Estuvo en los frentes de Extremadura y Toledo, participó en la defensa de Madrid y colaboró en la organización de la Unión de Mujeres Antifascistas. Se incorporó al PCE en noviembre de 1936, poco después de la formación del Gobierno de Largo Caballero.

Cruzó la frontera francesa durante la retirada general de Cataluña. Marchó luego a París y, a finales de 1939 a México, donde murió en 1968.

Preston, Paul (2001). *Palomas de guerra: cinco mujeres marcadas por el enfrentamiento bélico.* Barcelona: Plaza & Janés Editores. ISBN 8401530512.
Fuente: Internet, Biografía y vidas.

# (26) CONFEDERACIÓN ESPAÑOLA DE DERECHAS AUTÓNOMAS (CEDA)

La Confederación Española de Derechas Autónomas (CEDA) fue una coalición española de partidos católicos y de derechas durante la etapa de la Segunda República. Desde el momento mismo de su constitución, en 1933, se presentó como la alternativa de derechas y de orden al Gobierno y a las coaliciones republicano-socialistas.

Considerada una fuerza política conservadora y católica, era la heredera política de la Acción Popular de Ángel Herrera Oria y se definía a sí misma en los términos de la «afirmación y defensa de los principios de la civilización cristiana», traduciendo este soporte teórico en una demanda práctica para que se llevase a cabo una revisión de la Constitución republicana. La CEDA se vio a sí misma como una organización «defensiva», formada para proteger a la religión, la familia y la propiedad.

La CEDA celebró mítines de estilo fascista, durante los cuales a Gil-Robles, su líder, se le llamaba «jefe», el equivalente del Duce, y durante los cuales se llegó a afirmar que la CEDA lideraría una marcha sobre Madrid —similar a la marcha sobre Roma del fascismo italiano— para hacerse con el poder por la fuerza.

La CEDA afirmó en varias ocasiones que estaba defendiendo a España y a la «civilización cristiana» del marxismo, y que la atmósfera política existente en España se había convertido en una cuestión de marxismo contra el antimarxismo. Con la subida al poder del Partido Nazi en Alemania, la CEDA empezó a utilizar tácticas de propaganda similares a las de los nazis: entre otras, el énfasis en la autoridad, la patria y la jerarquía. De hecho, Gil-Robles llegó a asistir al Congreso del Partido Nazi en Núremberg celebrado en septiembre de 1933 y quedó fuertemente impresionado, tras lo cual regresó con el firme compromiso de crear un frente único contrarrevolucionario antimarxista en España. Gil Robles manifestó que existían elementos comunes entre el Partido Nazi y la CEDA como «su raíz y su actuación eminentemente populares; su exaltación de los valores patrios; su neta significación antimarxista; su enemistad con la democracia liberal y parlamentaria» —aunque rechazó la «estadolatría nazi».

En el marco de la Segunda República, la CEDA se acabó convirtiendo en el gran partido de masas de la derecha española, apoyado por un fuerte despliegue de medios.

Sin embargo, entre 1933 y 1936 la CEDA no logró obtener ganancias electorales sustanciales, lo que significó que no lograra obtener un respaldo suficiente para poder formar gobierno y que el apoyo derechista se reorientara hacia el líder monárquico alfonsino, José Calvo Sotelo. El fracaso electoral llevó a la CEDA a abandonar su relativa moderación y empezar a prestar apoyo a personas o grupos violentos contrarios a la República, lo que incluyó la entrega de los fondos electorales de la CEDA al líder del golpe militar de 1936 contra la República, el general Emilio Mola. Además, numerosos miembros y partidarios del movimiento juvenil de la CEDA, las Juventudes de Acción Popular (JAP), comenzaron a pasarse en masa a Falange Española.

Checa Godoy, Antonio (1989). *Prensa y partidos políticos durante la II República*. Universidad de Salamanca. ISBN 84-7481-521-5.

## (27) JUAN SIMEÓN VIDARTE

Juan Simeón Vidarte y Franco Romero (Llerena, 8 de mayo de 1902–México, 29 de octubre de 1976) fue un abogado y político socialista español. Fue vicesecretario general del PSOE entre 1932 y 1939, y secretario del Congreso de los Diputados durante la primera legislatura de la Segunda República (1931-1933). Terminada la Guerra Civil española, se exilió en México.

Vidarte llegó a Madrid en 1918 para estudiar Derecho. Durante la dictadura de Primo de Rivera se inició en la masonería y se afilió, a principios de 1930, a las Juventudes Socialistas, ingresando en el PSOE, a través de la Agrupación Socialista Madrileña. Dentro de la organización juvenil, fue vocal en la dirección nacional (1930 a 1932) y vicesecretario (1932 a 1934).

Pertenecía al sector centrista del PSOE, liderado por Indalecio Prieto. En el XIII Congreso del partido, celebrado en octubre de 1932, fue elegido vicesecretario de la Comisión Ejecutiva del PSOE, bajo la presidencia de Largo Caballero, puesto que ocupó hasta el fin de la Guerra Civil y la desarticulación de la dirección socialista.

Durante el periodo republicano, fue elegido tres veces consecutivas diputado por la circunscripción de Badajoz. Su actividad parlamentaria fue intensa.

Durante la Guerra Civil, y como miembro de la Comisión Ejecutiva del PSOE, ya controlada totalmente por la facción centrista, así como amigo personal tanto de Prieto como de Negrín, tuvo responsabilidades gubernamentales desde la constitución del primer gobierno de Largo Caballero, en septiembre de 1936. Fue también ministro plenipotenciario del Gobierno de la República en México (enviado en octubre de 1937 por el presidente del Consejo, el doctor Negrín, para hacer gestiones ante el presidente Lázaro Cárdenas para que México acogiera a los refugiados republicanos españoles en caso de que se perdiera la guerra) y cónsul general de España en Tánger.

Terminada la Guerra, se exilió en México, adonde llegó desde el norte de África en 1941. En el exilio se mantuvo apartado de la actividad política. Falleció en México en 1976.

Matesanz, José Antonio (1999). *Las raíces del exilio.* Universidad Nacional Autónoma de México. p. 247. ISBN 9681209109.

Fuente fotografía: Internet, Fundación Pablo Iglesias.